Curso de Programación con Java

Alicia Durango

Ángel Arias

Juan Gracia

ISBN: 978-1507571170

TABLA DE CONTENIDO

Notas del Autor

Esta publicación está destinada a proporcionar el material útil e informativo. Esta publicación no tiene la intención de conseguir que usted sea un maestro de las bases de datos, sino que consiga obtener un amplio conocimiento general de las bases de datos para que cuando tenga que tratar con estas, usted ya pueda conocer los conceptos y el funcionamiento de las mismas. No me hago responsable de los daños que puedan ocasionar el mal uso del código fuente y de la información que se muestra en este libro, siendo el único objetivo de este, la información y el estudio de las bases de datos en el ámbito informático. Antes de realizar ninguna prueba en un entorno real o de producción, realice las pertinentes pruebas en un entorno Beta o de prueba.

El autor y editor niegan específicamente toda responsabilidad por cualquier responsabilidad, pérdida, o riesgo, personal o de otra manera, en que se incurre como consecuencia, directa o indirectamente, del uso o aplicación de cualesquiera contenidos de este libro.

Todas y todos los nombres de productos mencionados en este libro son marcas comerciales de sus respectivos propietarios. Ninguno de estos propietarios ha patrocinado el presente libro.

Procure leer siempre toda la documentación proporcionada por los fabricantes de software usar sus propios códigos fuente. El autor y el editor no se hacen responsables de las reclamaciones realizadas por los fabricantes.

INTRODUCCIÓN

Con la evolución de la tecnología cada vez más personas tienen acceso a un ordenador, ya sea en su casa, en la escuela, en el trabajo o en cualquier otro lugar. Los usuarios más curiosos pueden plantearse preguntas como: "¿cómo consiguen hacer esto? ", "¿como podría hacerlo o aprenderlo yo?", "¿cómo es un ordenador internamente?"

Muchos se han aventurado a buscar respuestas de sus auto-preguntas pero no siempre es fácil encontrar lo que se busca. En este libro, el lector tiene la oportunidad de entender cómo funciona esto.

El objetivo de este libro es servir como base a cualquiera que desee introducirse, o simplemente unirse, al maravilloso mundo de la programación, incluso si usted tiene pocos o ningún conocimiento sobre la materia.

Este libro también puede servir como una forma de enriquecimiento cultural sobre temas ya olvidados, ya que aborda aspectos de la arquitectura de los procesadores y ordenadores, los cálculos, la lógica y las matemáticas, hasta una breve historia de los lenguajes de programación y programación básica de algoritmos.

Este libro también está dirigido a aquellos que quieran participar en la actividad de la comunidad de producción de software libre pero que no han recibido capacitación técnica del género.

LA PROGRAMACIÓN

En estos días, no saber cómo trabajar con un ordenador es considerado como un tipo de analfabetismo y el coste por no saber cómo usar un ordenador puede ser muy elevado.

Cuando usamos los equipos informáticos podemos hacer muchas cosas. Un adolescente puede utilizar Internet para enviar un mensaje, un estudiante puede usar una hoja de cálculo para realizar el cálculo de un promedio o la cantidad de puntos que necesita para aprobar cada materia, un cocinero puede guardar sus recetas en un editor de texto como Word, etc. De hecho, la cantidad de productos especializados es tan grande que si nos fijamos bien seguramente encontrará algún programa que haga algo muy parecido a lo que quiera realizar.

El problema es que a veces queremos hacer algo específico: queremos un programa para hacer algo que nos va a servir únicamente a nosotros o a nuestra empresa. En este caso, en lugar de comprar uno de los muchos programas que se ofertan en el mercado, desarrollaremos nuestro propio programa. Esto requiere el dominio de una nueva forma de trabajar con el equipo: la programación. Nuestro motivo puede ser un negocio, un proyecto de la escuela, un pasatiempo o simple curiosidad. Hoy en día, un programa se puede hacer de varias maneras. Puede, por ejemplo, modificar ligeramente el comportamiento de la aplicación a través de macros, como se realiza en programas como Microsoft Word. Usted puede hacer incluso modificaciones mayores a través de lenguajes integrados, como también se puede hacer en los programas de Microsoft Office, o incluso juegos de ordenador como Neverwinter Nights. También puede coger un programa de código abierto existente o software libre y modificarlo. O puede empezar de cero y realizar la programación de prácticamente todo, desde luego con la ayuda de las bibliotecas disponibles que son parte del trabajo.

Para programar usted tiene muchas opciones: paquetes que se pueden extender con macros o lenguajes integrados, entornos de programación point-and-click, lenguajes más fáciles de aprender y lenguajes más difíciles, pero con gran poder o características apropiadas para sistemas grandes. En cualquier caso, el objetivo detrás de todo esto es el mismo: programar es dar órdenes a un ordenador, mostrar cómo este debe reaccionar ante el usuario y cómo debe procesar los datos disponibles.

Prácticamente no hay límites a lo que se puede hacer con un ordenador. Los ordenadores ayudan a la gente a hablar, existen aparatos de control, envío de información, entre otros aspectos. Aún algo más difícil, cómo simular una emoción o inteligencia, se estudia con diligencia en todo el mundo. Algunos de los problemas son muy grandes y requieren la construcción de un gran equipo. Otros son tan simples que podemos resolverlos en equipos normales. La noción del tamaño de un problema también cambia con el tiempo: así el chip que se utilizaba en los ordenadores personales en el año 1988, el w:Z80 , ahora se utiliza en dispositivos como faxes.

Hoy en día es difícil imaginar un área de actividad humana en la que el uso de los ordenadores no sea deseable. Así, el dominio de la programación es dictada sustancialmente por la imaginación y la creatividad. Podemos decir que la gran ventaja de saber programar es la capacidad de crear lo que se quiera cuando se quiera. No sólo para los PC sino también para los teléfonos móviles, PDAs y otros. Por supuesto, requiere un poco de esfuerzo pero para muchos este esfuerzo es en realidad un reto cuya recompensa es ver su idea convertida en realidad.

PROGRAMACIÓN

Probablemente ya ha escuchado la palabra programación, conoce su significado, pero probablemente no sea consciente de lo que hace, cómo se hace y quién lo hace. La programación es fácil y divertida, la dificultad para la mayoría de los principiantes es comenzar a entender cómo funciona un ordenador.

Bueno, un ordenador puede entenderse de varias maneras. Dentro de ellos están las señales electrónicas. Los humanos que los diseñan generalmente piensan en estas señales como "1" y "0". En un momento, empezamos a pensar en algo que se conoce como lenguaje de máquina, es decir, secuencias de "1" y "0", normalmente escritos como números enteros, que indican un cierto comportamiento, tales como la suma de dos números. Para hacerlo más fácil aún, este lenguaje máquina está normalmente transcrito por el lenguaje ensamblador o de montaje que describe las acciones que una computadora puede hacer a través de w: mnemotécnicos como ADD y MOV. Sin embargo, desde hace algún tiempo nosotros hacemos funcionar un ordenador a través de programas escritos en lenguajes de programación que tratan de hacer la tarea de explicar lo que el equipo tiene que hacer más fácil a los seres humanos, si bien, debido a la alta especialización del lenguaje, sólo unos pocos de ellos lo entienden. Todos los lenguajes de programación tienen esencialmente el mismo propósito que es permitir al programador dar instrucciones a la máquina.

En nuestro mundo cotidiano la comunicación se hace de una manera natural y rara vez somos conscientes de las reglas que aplicamos en nuestro idioma. El objetivo de aprender un lenguaje de programación es exactamente el mismo: la aplicación de normas llegando a estar tan arraigadas en nuestra mente que se realice de forma inconsciente (abstraer). Un buen programador entiende los "entresijos" de la lengua que utiliza e incluso puede ver la belleza o la fealdad de un código, de la misma forma que a veces un texto nos gusta no por su contenido sino por la forma en que fue escrito.

Los lenguajes se crean con dos objetivos: lenguajes de propósito general, que sirven para hacer cualquier cosa, y lenguajes de uso específico. Si quiere hacer un programa que se ocupe de problemas estadísticos, probablemente lenguajes como "R", que es un lenguaje creado específicamente para este uso, sean el más adecuado. Si usted desea hacer un programa para calcular la nómina de una empresa, probablemente lenguajes como COBOL, C, C + + o Java, que son lenguajes de uso general, serán los adecuados.

Un programa informático

Un programa de un ordenador es como una receta de cocina: es una secuencia de pasos que se deben realizar. Si los equipos cocinaran en lugar de procesar los datos, un programa típico podría ser:

PROGRAMA FREIR_HUEVO

RESERVAR HUEVO, PAN, SAL, MANTEQUILLA;

USAR COCINA;

COLOCAR SARTEN EN COCINA;

PONER LA MANTEQUILLA EN LA SARTÉN;

ENCENDER COCINA;

ESPERAR A QUE LA MANTEQUILLA SE CALIENTE;

ROMPER EL HUEVO;

DERRAMAR EL HUEVO EN LA SARTEN;

PONER SAL EN EL HUEVO;

ESPERAR A QUE EL HUEVO SE FRÍA;

APAGAR COCINA;

SERVIR EL HUEVO;

FIN PROGRAMA

Sin embargo, los programas de ordenador trabajan con datos y un programa real típico sería (usando Python)

```
def sumar (num1, num2):
    return num1 + num2
```

Este programa (o, más bien, esta función) devuelve la suma de dos números.

CÓMO PROGRAMAR

ESTRUCTURA INTERNA DE UN ORDENADOR

Un equipo mínimo consta de tres unidades básicas:

- Procesador, como el nombre implica, es el componente principal del procesamiento;
- Memoria, que mantiene datos y programas;
- Los dispositivos de entrada y salida (Input / Output), tales como el teclado, el monitor o la impresora.

En un ordenador personal, estos componentes se colocan normalmente en una placa base.

Es importante tener en cuenta que los dispositivos llamados de memoria secundaria se comunican con la parte principal del ordenador a través de dispositivos de entrada y salida. Por lo tanto, una unidad de disco duro sólo se puede utilizar si está conectado a la placa base a través de una interfaz (SCSI o SATA, por ejemplo).

Por lo general, representamos un ordenador de manera abstracta mediante un diagrama muy simple que muestra una unidad de procesamiento capaz de utilizar los datos que proceden o deben ser almacenados tanto en la memoria como en dispositivos de entrada y salida:

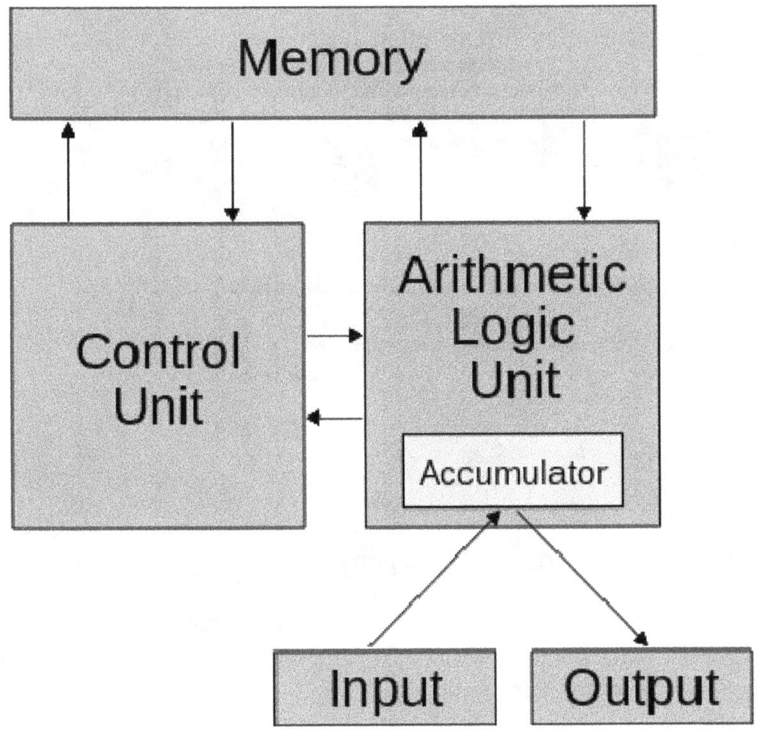

Figura 1: Esquema de un ordenador genérico

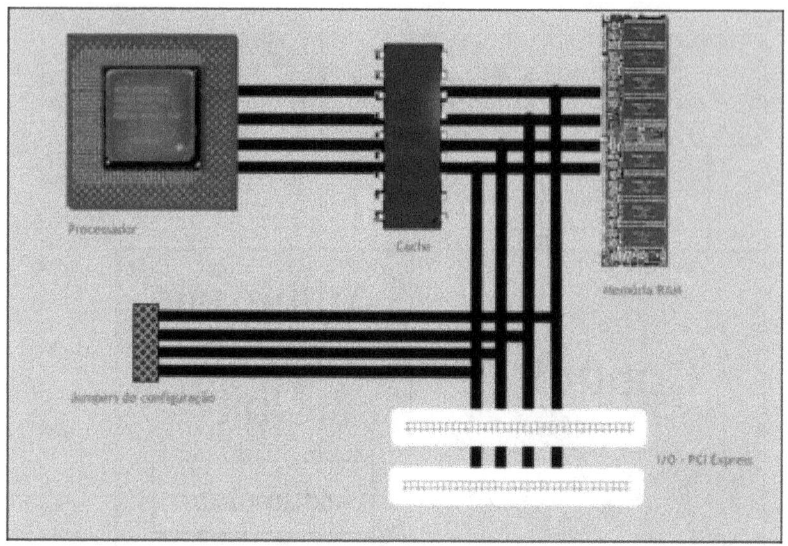

Figura 2: Esquema de una placa genérica

Antes de intentar averiguar que sistema es el representado en las imágenes, vamos a explicarlo para que el lector comprenda mejor como funciona un ordenador.

El esquema tiene dos dispositivos de entrada (PCI Express - aquellos en los que ponemos nuestra tarjeta gráfica, tarjeta de red o tarjeta de sonido ...), cuatro pistas de transferencia de datos (son muchas más en un ordenador actual), donde circulan los datos, probablemente codificados, de las entradas dirigidas a la central de procesamiento (CPU o procesador). Entonces los millones de transistores existentes dentro de esa caja, procesarán y crearán nuevos datos que serán distribuidos por la red interna del PC, de acuerdo con la clasificación presentada en los datos de entrada. El procesador puede almacenar datos en la memoria RAM y la memoria caché. Los datos menos usados serán almacenados en la memoria RAM y para los datos de acceso frecuente se usará la caché. Los Jumpers controlan, además de la velocidad de procesamiento, qué tipo de entradas pueden generar datos, entre otras cosas. El mismo proceso ocurre con los datos que se devuelven al dispositivo de E / S . Et voilà, he aquí una explicación muy, muy resumida de toda la teoría de procesamiento de un ordenador.

Ampliando un poco más, los dispositivos periféricos, como impresoras y escáneres, acceden también al procesador. Actualmente los dispositivos no están controlados por la CPU sino por una memoria EEPROM llamada BIOS .

PROCESAMIENTO DE DATOS

El procesador es una unidad central del sistema informático, llamada CPU (Unidad Central de Procesamiento). Su función es interpretar y ejecutar instrucciones.

La unidad de medida de la velocidad de un procesador es Hz (hercios). El Hertz es la unidad de medición de frecuencia, que en física se define como el número de ciclos que se producen por unidad de tiempo - la frecuencia de un reloj es 1/3600 Hz, es decir, se tarda 1 hora en dar una vuelta completa. En la mayoría de los ordenadores modernos, la velocidad media es de 1 GHz, o mil millones de ciclos de reloj por segundo, o 1000000000 hertz o, análogamente, mil millones de vueltas en un reloj en 1 segundo. En nuestro ejemplo, 01 hertz puede llevar por lo menos 01 bits (1 información), para entenderlo 1 bit (1 Hz) puede ser comparado con 1 letra de este texto, con lo que los ordenadores que funcionan con 2 mil millones de "letras" por segundo (02 GHz) pueden leer un libro más rápido que otro que sólo puede leer mil millones de "letras" (01 GHz).

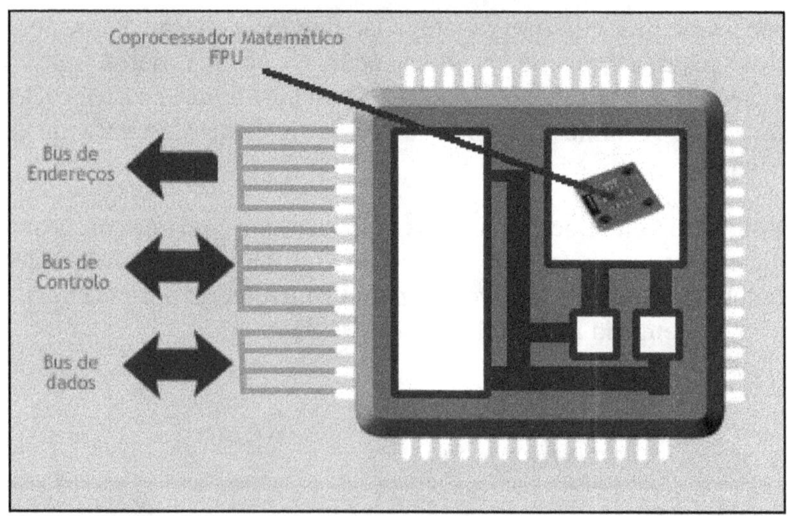

Figura 2 - Esquema de un procesador genérico

El procesador está compuesto por millones de transistores, cada uno de los cuales procesa un bit a la vez, es decir, muestra el estado 1 o el estado 0. Esta diversidad de posibles secuencias crea una gama infinita de instrucciones. De hecho las limitaciones encontradas en la creación de software no son vistas por la CPU, sino por la estructura de la máquina. El procesador, teóricamente, en términos de procesamiento de datos es ilimitado, es decir, no hay límites de procesamiento.

A veces se necesitan varias operaciones matemáticas complejas. Existe, dentro de la CPU, una pequeña sección llamada coprocesador matemático FPU encargada de eso. Pero el procesador no puede existir aisladamente necesita ser conectado por "algo": los BUS del procesador son los "caminos" a través de los cuales la información se transmite a los dispositivos y viceversa. Cuanto mayor es el número de buses la transferencia se produce más rápidamente. Hay varias tecnologías y protocolos utilizados en el BUS.

LÓGICA DE PROGRAMACIÓN

Lógica de Programación es la técnica para desarrollar algoritmos (secuencias lógicas) para alcanzar ciertos objetivos dentro de ciertas reglas basadas en la lógica matemática y otras teorías básicas de la ciencia de la computación y que luego se adaptan al lenguaje de programación utilizado por el programador para construir su software.

Un algoritmo es una secuencia no ambigua de instrucciones que se ejecuta hasta que se cumpla cierta condición. Más específicamente, en matemáticas, es el conjunto de procesos (y los símbolos que los representan) para realizar un cálculo.

El concepto de algoritmo se ilustra a menudo con el ejemplo de una receta, aunque muchos algoritmos son más complejos. Pueden repetir los pasos (iterar) o requerir decisiones (tales como comparación ó lógica) hasta que se complete la tarea. Un algoritmo correctamente ejecutado no va a resolver un problema si no se implemente correctamente o si no es apropiado para el problema.

Un algoritmo no representa necesariamente un programa de ordenador sino los pasos necesarios para realizar una tarea. Su aplicación puede llevarse a cabo por un ordenador u otro tipo de robot, incluso por un ser humano. Diferentes algoritmos pueden realizar la misma tarea utilizando un conjunto diferente de instrucciones en menos o más tiempo, espacio o esfuerzo que otros. Esta diferencia puede reflejar la complejidad computacional aplicada, que depende de la estructura de datos adecuada al algoritmo. Por ejemplo, un algoritmo para vestirse puede especificar que se vista en primer lugar por los calcetines y los zapatos después de ponerse los pantalones mientras otro algoritmo puede especificar que usted debe ponerse primero los zapatos y luego los calcetines y los pantalones. Claramente, el primer algoritmo es más fácil de realizar que el segundo a pesar de que tanto uno como otro conduce al mismo resultado.

El concepto de algoritmo se formalizó en 1936 por la Machine Turing de Alan Turing y por el cálculo lambda de Alonzo Church, que formaron las primeras bases de la informática.

FORMALISMO

Un programa de ordenador es esencialmente un algoritmo que le dice al ordenador los pasos específicos y en qué orden deben ser ejecutados, por ejemplo, los pasos a ser seguidos para calcular las notas que se imprimirán en los boletines de los estudiantes de una escuela. Por lo tanto, el algoritmo se puede considerar una secuencia de operaciones que pueden ser simuladas por una máquina de Turing completa.

Cuando uno de los procedimientos de un algoritmo implican el procesamiento de datos, la información se lee desde una fuente de entrada, es procesada y se devuelve un nuevo valor después del procesamiento, que se realiza generalmente con la ayuda de una o más estructuras de datos.

Para cualquier proceso computacional teórico, el algoritmo debe ser rigurosamente definido, especificando la forma en que se comportará en todas las circunstancias. La corrección del algoritmo se puede demostrar matemáticamente, como la cantidad asintótica del tiempo y el espacio (complejidad) que se requieren para su ejecución. Estos aspectos del algoritmo están dirigidos por el análisis de algoritmos. Las implementaciones, sin embargo, pueden estar limitadas a casos concretos.

La forma más sencilla de pensar en un algoritmo es una lista de procedimientos bien definidos, en los que se ejecutan las instrucciones paso a paso desde el principio de la lista, es una idea que se puede ver fácilmente a través de un diagrama de flujo. Tal formalización adopta las premisas de la de programación imperativa, que es una forma mecánica para visualizar y desarrollar un algoritmo. Concepciones alternativas para algoritmos varían en la programación funcional y programación lógica.

DEFINICIÓN DE ALGORITMO

Algunos autores restringen la definición de algoritmo para procedimientos que eventualmente terminan. Minsky constató que si el tamaño de un procedimiento no se conoce de antemano, tratar de descubrirlo es un problema indecible ya que el procedimiento puede ser ejecutado hasta el infinito porque nunca se tendrá la respuesta. Alan Turing demostró en 1936 que no hay ninguna máquina de Turing para llevar a cabo este análisis para todos los casos, por lo que no hay algoritmo para realizar tal tarea para todos los casos. Esta condición se conoce ahora como el problema de la parada. Básicamente, esto significa que no existe un programa informático que puede predecir si otro programa del ordenador se detendrá algún día.

Para algoritmos infinitos el suceso no se puede determinar mediante la interpretación de la respuesta y si por las condiciones impuestas por el desarrollador del algoritmo durante su ejecución. Por ejemplo, podemos querer un algoritmo infinito para controlar una señal de tráfico.

Implementación

La mayoría de los algoritmos están diseñados para ser implementados en un programa de ordenador. Sin embargo, también pueden ser implementados de otros modos, tales como una red neuronal biológica (tales como en el cerebro cuando realizamos operaciones aritméticas) en circuitos eléctricos o incluso dispositivos mecánicos.

Para los programas de ordenador hay una amplia variedad de lenguajes de programación, cada una con características específicas que pueden facilitar la puesta en práctica de ciertos algoritmos o servir para fines más generales.

Análisis de algoritmos

El análisis de algoritmos es una rama de la informática que estudia las técnicas de diseño de algoritmos y los algoritmos de forma abstracta, sin estar implementados en un lenguaje de programación en particular o implementados de alguna otra manera. El análisis de algoritmos se ocupa de los medios necesarios para los recursos de ejecución del algoritmo, como el tiempo de ejecución y el espacio de almacenamiento de datos. Debe ser notado que para un algoritmo dado puede haber diferentes cantidades de recursos asignados en conformidad con los parámetros de entrada pasados. Por ejemplo, si definimos que el factorial de un número natural es igual al factorial de su predecesor multiplicado por el número en sí, está claro que la aplicación del factorial (10) consume más tiempo que la ejecución del factorial (5).

Una forma de mostrar un algoritmo para analizarlo es a través de su implementación por un pseudocódigo estructurado. El ejemplo siguiente es un algoritmo que devuelve (salida) la suma de dos valores (también conocidos como parámetros o argumentos, valores de entrada) que se introducen en la llamada a la función:

SumaDeDosValores función (A numérico, B numérico)

comienzo

declarar SUMA numérico

SUMA <- A + B

devolver (SUMA)

final

CLASIFICACIÓN

Clasificación por implementación

Los algoritmos se pueden clasificar por la forma en la que fueron implementados:

- **Recursivo o iterativo** - un algoritmo recursivo tiene la función de invocarse a sí mismo varias veces hasta que una cierta condición se satisface y se termina, lo que es un método común en la programación funcional. Los algoritmos iterativos utilizan estructuras repetitivas tales como bucles o estructuras de datos adicionales como las pilas, para resolver problemas. Cada algoritmo iterativo tiene un algoritmo recursivo similar y viceversa, pero puede tener más o menos complejidad en su construcción. Es posible construir algoritmos que sean a la vez iterativos y recursivos probablemente para aprovechar alguna optimización de tiempo o espacio que eso permita.

- **Lógico** - un algoritmo puede ser visto como una deducción lógica controlada. El componente lógico expresa los axiomas utilizados en el cálculo y el componente de control determina la forma en que se aplica la deducción a los axiomas. Este concepto es la base para la programación lógica.

- **Serie o paralelo** – los algoritmos se asumen generalmente para ser ejecutados instrucción por instrucción individualmente, como una lista de reproducción, lo que constituye un algoritmo en serie. Este concepto es la base de la programación imperativa. Por otro lado, hay algoritmos ejecutados en paralelo, que tienen en cuenta arquitecturas de ordenadores con más de un procesador para ejecutar más de una instrucción a la vez. Tales algoritmos dividen el problema en sub-problemas y lo delegan al número de procesadores disponibles, reuniendo al final el resultado de los sub-problemas en un resultado final o algoritmo. Este concepto es la base para la programación en paralelo. En términos generales, los algoritmos iterativos son paralelizables, por otro lado hay algoritmos que no son paralelizables, llamados problemas inherentemente seriales.

- **Deterministas o no deterministas** - algoritmos deterministas resuelven el problema con una decisión exacta a cada paso mientras que los algoritmos no deterministas resuelven el problema al deducir los mejores pasos a través de estimaciones de forma heurística.
- **Exacta o aproximada** - mientras que algunos algoritmos encuentran una respuesta exacta, los algoritmos de aproximación buscan una respuesta aproximada a la solución real, ya sea a través de la estrategia determinista o aleatoria. Poseen aplicaciones prácticas sobre todo para problemas muy complejos, donde una respuesta correcta es inviable debido a su complejidad computacional.

CLASIFICACIÓN POR METODOLOGÍA

Los algoritmos se pueden clasificar por la metodología o paradigma de su desarrollo, tales como:

- **Divide y vencerás** – los algoritmos de división reducen repetidamente el problema en sub-problemas, a menudo de forma recursiva, hasta que el sub-problema es lo suficientemente pequeño para ser resuelto. Un ejemplo práctico es el algoritmo de ordenación. Una variante de esta metodología es la reducción y conquista, que resuelve un sub-problema y utiliza la solución para resolver un problema más grande. Un ejemplo práctico es el algoritmo de búsqueda binaria.

- **La programación dinámica** - puede utilizar la programación dinámica para evitar la re-solución de un problema que se ha resuelto previamente.

- **Algoritmo voraz** - un algoritmo voraz es similar a la programación dinámica pero se diferencia en que las soluciones de los sub-problemas no necesitan ser conocidas en cada paso, una elección de este tipo se puede hacer en cada momento con lo que hasta ese momento parece ser lo más adecuado.

LA PROGRAMACIÓN LINEAL

- **Reducción** - la reducción resuelve el problema mediante su transformación en otro problema. También se le llama de transformación o conquista.

- **Búsqueda y enumeración** - muchos problemas se pueden modelar mediante gráficos. Un algoritmo de exploración gráfica se puede utilizar para caminar alrededor de la estructura y devolver información útil para la resolución de problemas. Esta categoría incluye los algoritmos de búsqueda y backtracking.

- **Modelo heurístico y probabilístico** - los algoritmos probabilísticos realizan elecciones al azar. Los algoritmos heurísticos tratan de encontrar una solución por ciclos de mutaciones evolutivas entre generaciones de pasos, tendiendo a la solución exacta del problema. Los algoritmos heurísticos encuentran una solución aproximada al problema.

Clasificación por campo de estudio

Cada campo de la ciencia tiene sus propios problemas y sus algoritmos apropiados para resolverlos. Ejemplos clásicos son los algoritmos de búsqueda, clasificación, análisis numérico, teoría de gráficos, la manipulación de cadenas, la geometría computacional, optimización combinatoria, aprendizaje automático, criptografía, compresión de datos y la interpretación de texto.

Clasificación por complejidad

Algunos algoritmos se ejecutan en tiempo lineal, de acuerdo a la entrada, mientras que otros se ejecutan en tiempo exponencial o incluso nunca terminan de ser ejecutados. Algunos problemas tienen múltiples algoritmos para su solución, mientras que otros no tienen algoritmos de resolución.

Un apunte histórico

El programador más antiguo del que se tiene noticia es Ada Lovelace, quien describió el funcionamiento de la máquina analítica de Babbage Charles, que nunca fue terminada. El primer programador que completó todos los pasos en informática, incluyendo la compilación y las pruebas, fue Wallace Eckert. Él utilizó el lenguaje matemático para resolver problemas astronómicos en la década de 1930. Alan Turing desarrolló y programó un ordenador diseñado para romper el código alemán Enigma durante la Segunda Guerra Mundial.

LÓGICA

LÓGICA BINARIA

La lógica binaria o operación bit a bit es la base de todo el cálculo computacional. De hecho, éstas son las operaciones más básicas que constituyen toda la potencia de los ordenadores. Toda operación, por compleja que pueda parecer, se traduce internamente por el procesador a estas operaciones.

OPERACIONES

NOT

El operador NOT o negación binaria supone lo opuesto del operando, es decir, un operando será '1 ' si el operando es '0', y será '0 'en caso contrario, según podemos confirmar con la tabla de verdad:

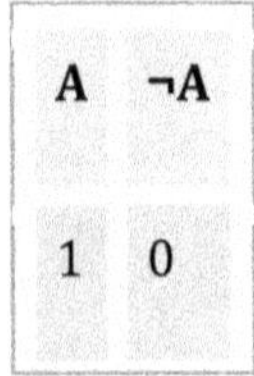

A	¬A
1	0

0	1

Implementación:

Si esto NOT aquello

AND

El operador binario AND o conjunción binaria devuelve un bit 1 cuando ambos operandos son '1 ', como se puede confirmar en la tabla de verdad:

A	**B**	**A ∧ B**
1	1	1
1	0	0
0	1	0
0	0	0

Implementación:

Si esto AND aquello, hacer asi

OR

El operador binario OR o disyunción binaria devuelve un bit 1 cuando al menos un operando es '1', como se puede confirmar en la tabla de verdad:

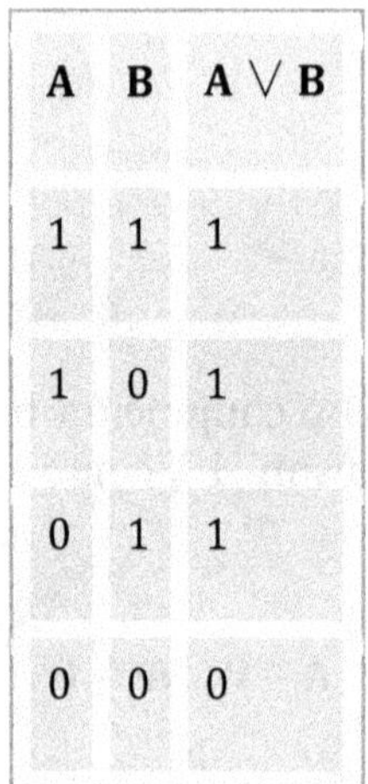

A	B	A ∨ B
1	1	1
1	0	1
0	1	1
0	0	0

Implementación:

Si esto OR aquello, hacer asi

XOR

El operador binario XOR o disyunción binaria exclusiva devuelve un bit 1 si sólo un operando es '1 ', como se puede confirmar en la tabla de verdad:

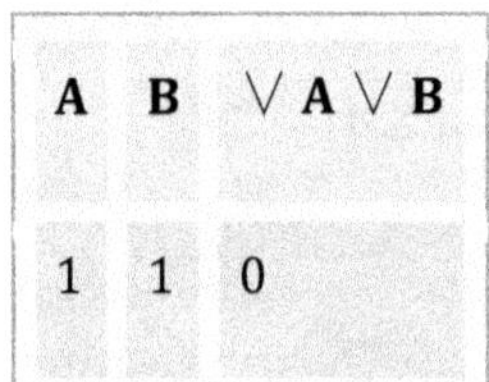

A	B	∨ A ∨ B
1	1	0

1	0	1
0	1	1
0	0	0

Implementación:

Esto XOR aquello, hacer asi

Shift

El operador bits shifting o desplazamiento bit-a-bit, equivale a la multiplicación o división por 2 del operando que, a diferencia de los casos anteriores, es un grupo de bits, y consiste en el desplazamiento hacia la izquierda o la derecha del grupo de bits. El bit introducido es siempre 0 y el bit eliminado puede ser usado opcionalmente (flag CF de los registros del procesador).

(101 011 (43) >> 1) = 010,101 [1]

(101 011 (43) << 1) = [1] 010 110

APRENDIZAJE

Se requiere mucha persistencia para aprender a programar. Para ello necesitamos un poco de tiempo y dedicación al lenguaje. Trate de planificar los estudios y fijar el día, como por ejemplo, estableciendo 1 hora por día los martes, jueves y sábados. Le sugiero que empiece por el estudio de un lenguaje sencillo y directo, y a medida que vaya conociendo nuevas normas de programación, evolucionar a otros lenguajes. Algunos programadores dicen que cualquier desarrollador en la cima de su carrera debe conocer profundamente los lenguajes definidos como los más prestigiosos, como el lenguaje C, C++ y ensamblador. Una posible secuencia lógica de aprendizaje sería:

Paso 1	Perl, Python, Shell Script, ...	El conocimiento de la lógica de programación, la resolución de algoritmos sencillos
Paso 2	PHP, JavaScript, Pascal, ...	Solución de problemas con más de un resultado; Algunos de programación orientada a objetos
Paso 3	Lenguaje C, C + +, ...	Resolución de problemas complejos y desarrollo de programas GUI, Programación total con objetos y clases
Paso 4	Ensamblador	Conocimiento total de procesamiento, programación compleja sin dificultades

Como podemos ver, aprender a programar lleva tiempo, hay quien dice que es difícil y los hay que dicen que es divertido. Procure ser creativo mientras escribe los algoritmos, utilice los nuevos conceptos aprendidos y no tenga miedo a probar nuevas ideas.

"La opción por defecto"

El "estándar vigente" es algo que existe empíricamente en un programador, cuando se tiene la intención de estudiar un nuevo idioma. Pero ¿cuál es el estándar vigente?

Cuando se quiere estudiar un lenguaje, no se puede esperar que leyendo un libro en particular o asistiendo a un curso en concreto lo aprendamos perfectamente. La verdad es que no necesitamos un libro para aprender a programar bien y, para algunos, el curso es sólo una pérdida de tiempo. La gran mayoría de los libros sirven como una ayuda para el estudio y no como una base de apoyo para el estudio. Por lo tanto, lo que la mayoría de los programadores hacen para aprender un nuevo lenguaje es:

1. El estudio de la sintaxis del lenguaje a través de un libro o manual.

2. La comprensión de las diferencias de este con los demás lenguajes que ya saben - Esto es muy importante!

3. Hacer algo que realmente le hará un buen programador: Leer código ya hecho.

4. Comience a escribir sus propios programas.

Es necesario tener en cuenta estos pasos que son esenciales. así que si usted no sabe una función particular, siempre puede ir a verla en el manual. Sin embargo, no se aferre al libro, ya que no conduce a nada.

Esta norma es efectiva porque, un principiante, puede aprender un idioma en poco más de 5 o 6 meses. Un programador con experiencia sólo necesita una o dos semanas para aprender un nuevo lenguaje.

Después de aprender ese lenguaje, inscríbase en uno de los cientos de listas existentes en Internet y aumente sus conocimientos ayudando a otros a crear programas de código abierto. Tenga en cuenta que si usted sigue estas reglas va a aprender a ser un buen programador.

ALGORITMOS

Un algoritmo es un esquema para la solución de un problema. Puede ser aplicado con cualquier secuencia de valores u objetos que tienen una lógica infinita (por ejemplo, el idioma Inglés, Pascal, C, una secuencia numérica, un conjunto de objetos como el lápiz y la goma de borrar), o cualquier cosa que pueda proporcionar una secuencia lógica. A continuación podemos apreciar un algoritmo implementado en un diagrama de flujo sobre el estado de una lámpara:

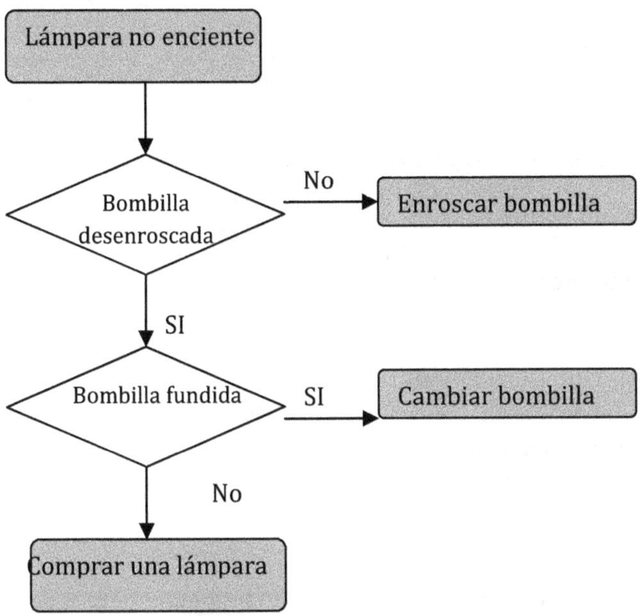

Figura 3 - un diagrama de flujo

Siguiendo el razonamiento anterior ¿un programa de ordenador es un algoritmo? Sí, es cierto. Aunque tenemos que usar el algoritmo anterior en nuestro lenguaje (como se muestra en la imagen de arriba) para escribir una lógica de programa, el programa en sí mismo que proviene de este algoritmo ya es un algoritmo. Incluso un esquema mental es un algoritmo.

OK, ya sabemos lo que es un algoritmo. Pero, ¿por qué es importante para el estudio de la programación?

La verdad es que antes de que podamos escribir un programa en cualquier lenguaje necesitamos escribir un esbozo en papel para evitar errores, de acuerdo con el programa que queremos hacer. Con esta lógica, no olvidaremos lo que queremos dar al programa y será menos probable que aparezcan errores. Por ejemplo:

En lenguaje humano:

"Si eso es cierto, sucede esto, sino pasa aquello"

En lenguaje de máquina:

IF eso; THEN esto; ELSE aquello;

Como se puede ver, un algoritmo puede escribirse de distintas formas, de arriba a abajo, de izquierda a derecha, en diagonal, árabe, ruso... lo único necesario es escribirlo!

FUNDAMENTOS

Una máquina de computación es cualquier máquina (por lo general de origen electrónico) con capacidad para recibir datos, realizar operaciones con esos datos y devolver los datos procesados por estas operaciones.

Entrada de datos	Tratamiento	Salida de datos

Las máquinas de computación electrónicas en general, tienen dos componentes básicos: software y hardware.

Llamamos Hardware a parte física y software a los programas que tratan los datos introducidos.

Cuando introducimos algunos datos en un ordenador, los datos introducidos se transforman en señales eléctricas (llamadas bits). El bit (Inglés binary digit) son los dos estados (encendido o apagado) que la señal eléctrica puede asumir. Para trabajar con estos datos, podemos asociar estos estados por intervalos de 0 y 1. Cuando se utiliza un ordenador, hay un flujo de señales eléctricas que representan los datos introducidos, procesados y devueltos. Un conjunto de ocho bits forman un byte que es una unidad completa de información.

Dentro del byte, el estado de cada uno de ocho bits, así como su posición relativa entre sí, hace que el byte tenga un valor específico (no necesariamente numérico) que sirve para estructurar en relación con otro y crear un sistema de datos que sirve al usuario externo.

Para poder organizar las posibilidades de variaciones de estos bits dentro de un byte, podemos ver una tabla ASCII:

Binario	**Dec**	**Hex**	**Representación**
0010 0000	32	20	espacio ( )
0010 0001	33	21	!
0010 0010	34	22	"
0010 0011	35	23	#

0010 0100	36	24	$
0010 0101	37	25	%
0010 0110	38	26	&
0010 0111	39	27	'
0010 1000	40	28	(
0010 1001	41	29	)
0010 1010	42	2A	*
0010 1011	43	2B	+
0010 1100	44	2C	,
0010 1101	45	2D	-
0010 1110	46	2E	.
0010 1111	47	2F	/

0011 0000	48	30	0
0011 0001	49	31	1
0011 0010	50	32	2
0011 0011	51	33	3
0011 0100	52	34	4
0011 0101	53	35	5
0011 0110	54	36	6
0011 0111	55	37	7
0011 1000	56	38	8
0011 1001	57	39	9
0011 1010	58	3A	:
0011 1011	59	3B	;

0011 1100	60	3C	<
0011 1101	61	3D	=
0011 1110	62	3E	>
0011 1111	63	3F	?

Binario	**Dec**	**Hex**	**Representación**
0100 0000	64	40	@
0100 0001	65	41	A
0100 0010	66	42	B
0100 0011	67	43	C
0100 0100	68	44	D
0100 0101	69	45	E

0100 0110	70	46	F
0100 0111	71	47	G
0100 1000	72	48	H
0100 1001	73	49	I
0100 1010	74	4A	J
0100 1011	75	4B	K
0100 1100	76	4C	L
0100 1101	77	4D	M
0100 1110	78	4E	N
0100 1111	79	4F	O
0101 0000	80	50	P
0101 0001	81	51	Q

0101 0010	82	52	R
0101 0011	83	53	S
0101 0100	84	54	T
0101 0101	85	55	U
0101 0110	86	56	V
0101 0111	87	57	W
0101 1000	88	58	X
0101 1001	89	59	Y
0101 1010	90	5A	Z
0101 1011	91	5B	[
0101 1100	92	5C	\
0101 1101	93	5D	]

0101 1110	94	5E	^
0101 1111	95	5F	_

Binario	**Dec**	**Hex**	**Representación**
0110 0000	96	60	`
0110 0001	97	61	a
0110 0010	98	62	b
0110 0011	99	63	c
0110 0100	100	64	d
0110 0101	101	65	e
0110 0110	102	66	f
0110 0111	103	67	g

0110 1000	104	68	h
0110 1001	105	69	i
0110 1010	106	6A	j
0110 1011	107	6B	k
0110 1100	108	6C	l
0110 1101	109	6D	m
0110 1110	110	6E	n
0110 1111	111	6F	o
0111 0000	112	70	p
0111 0001	113	71	q
0111 0010	114	72	r
0111 0011	115	73	s

0111 0100	116	74	t
0111 0101	117	75	u
0111 0110	118	76	v
0111 0111	119	77	w
0111 1000	120	78	x
0111 1001	121	79	y
0111 1010	122	7A	z
0111 1011	123	7B	{
0111 1100	124	7C	|
0111 1101	125	7D	}
0111 1110	126	7E	~

Lógicamente se vuelve laborioso trabajar con los datos de un ordenador bit a bit. Como una manera de manejar este flujo de estados eléctricos y estructurarlo para que las operaciones sean más simples y estén más optimizadas, surgió el concepto de programación. Los lenguajes de programación son por lo general de dos niveles:

- **Lenguajes de bajo nivel**: son lenguajes de programación que manejan información en lenguaje máquina.
- **Lenguajes de alto nivel**: lenguajes de programación que se modelan casi como el lenguaje humano común, que cuando se compilan se traducen a lenguaje de máquina. Cada tipo de lenguaje tiene su propia sintaxis, que debe ser respetada y aprendida correctamente para que pueda ser procesada por el compilador. El compilador es un programa que permite que cierta programación en un lenguaje específico se adapte al lenguaje máquina.

Sin embargo, no es necesario que un programador aprenda todos los lenguajes disponibles. Se recomienda usar cada lenguaje para ciertas aplicaciones, así como por su propia sintaxis, pero todos están estructurados lógicamente. Con la programación lógica el alumno comprenderá los conceptos básicos de la programación y, con mayor o menor dificultad, dependiendo del lenguaje elegido, aprenderá el lenguaje que desee.

ALGORITMO

Los lenguajes de programación tratan los datos de un ordenador a través del uso de algoritmos. Un algoritmo es una estructura paso a paso de cómo un problema dado debe ser resuelto de una manera no ambigua. Por lo tanto, para realizar esta estructura es necesario el uso de herramientas y las operaciones derivadas de la lógica, sobre todo de la lógica matemática .

Antes de la programación estructurada de forma lógica debemos saber qué tipo de problema se ha propuesto, la información que será introducida y los pasos que se realizarán para llegar a un fin específico. Por ejemplo, vamos a ver un "algoritmo" con los pasos a seguir para "ducharse":

1. Sacar la ropa.
2. Abrir el grifo.
3. Enjabonarse.
4. Des-enjabonarse el cuerpo.
5. Aplicar champú en el pelo.
6. Aclarar el pelo.
7. Cerrar el grifo.

Hemos visto un problema propuesto (ducharse) y los pasos para resolver el problema. Por supuesto, hay otras formas de estructurar este algoritmo para lograr el mismo fin. Sin embargo, es importante estructurarlo de una manera coherente, eficaz y simple, o como muchos dicen de "forma elegante". Nosotros veremos en la siguiente lección que podemos diseñar este algoritmo y aplicar conocimientos lógicos que nos permitan manipular la información necesaria.

En el ejemplo que se muestra a continuación, utilizar el teléfono público, vemos condiciones para la toma de decisiones.

1. Retire el auricular;
2. Coloque la tarjeta telefónica;
3. Espere el tono de marcación;
4. Con un tono de llamada, marque el número deseado;
5. Si da señal de ocupado, hacer:
6. Cuelgue el teléfono y vuelva al paso 1;
7. Si da señal de llamada, hacer:
8. Espere que contesten;
9. Hable;
10. Cuelgue el auricular;
11. Extraiga la tarjeta;

Los algoritmos también pueden tener condiciones para repetir una acción.

Estructuras de manipulación de datos

Como ya se ha mencionado y es lógico, los lenguajes de programación tienen cosas en común. Una de ellas son las estructuras de control. Las estructuras de control se definen como la base de la programación lógica y pueden ser de dos niveles: directo o indirecto (complejo). Para tener una idea de la diferencia entre el control directo y el control indirecto, presentamos a continuación dos diálogos representativos de dos situaciones cotidianas:

Pedro - "¿Dónde fuiste Miguel"

Miguel - "Fui a la tienda a comprar ropa."

Individuo - "¿Dónde puedo obtener un certificado A-R53?"

Inspector - "Usted tiene que traer su identificación a la ventanilla, pedir un impreso GHA NORMAL y sellarlo, después de 3 meses de la finalización de la escritura tendrá que esperar hasta que llegue la vuelta..."

Tras el análisis de los dos casos, rápidamente llegamos a la conclusión de que la respuesta obtenida en la primera situación es directa y simple, mientras que en la segunda ocurre lo contrario. Ahora, si usted quiere volcar la primera situación en el ordenador, veremos que es suficiente con una página de código secuenciado para que el ordenador recree los pasos. Lo mismo no ocurre en la segunda. Por lo general, para este tipo de casos, el programador utiliza piezas fundamentales llamadas funciones (en

Inglés function) que representan cada caso único de la situación, habiendo vínculos entre ellas en función del resultado.

ESTRUCTURAS BÁSICAS

Cualquier programa tiene que hacer algo (aunque sólo sea enviar una señal bip), sino no es un programa, es decir, tiene que presentar el contenido. Por lo tanto, como representa contenidos va a cambiar estados dentro de la computadora, siendo la memoria interna una de las piezas que se van a alterar inevitablemente. Es inevitablemente que un programa no se "aloje" en la memoria del ordenador, por lo que el programa necesita un espacio físico en memoria y que tendrá que pedirlo. Eso es de lo que hablamos a continuación.

VARIABLES Y CONSTANTES

Una variable es una expresión que varía y por lo general está representada por un valor desconocido X, una constante es una expresión que no cambia (el número de Avogadro, PI, el número de Neper) y puede ser representada por una letra.

En los programas, las variables son todas las expresiones que pueden o no pueden variar, como también pueden ser constantes. Una cosa es evidente: las constantes no pueden ser variables.

En la siguiente función Y vale el doble de todos los valores de X:

Y = 2X -> En esta función, X varía por lo que Y es una variable

En la siguiente función Y siempre toma el valor 2:

Y = 2 -> Y en esta función no varía y por lo tanto es constante.

Aquí es evidente la diferencia de una variable y una función constante en matemáticas.

Trasladando la noción de variable y constante a programación, presentamos ahora dos códigos en PHP y C + +:

/ / Nosotros representamos un texto como una variable representada por p (sintaxis PHP):

```
<php?

$ p  =  "Hello World!" ;

/ / Ahora vamos a mostrarla en la pantalla

echo  $ p ;

>
```

En el caso anterior, una variable es un texto que se almacena en memoria, representado por p.

/ / Representamos ahora un "Hello World!" como una constante (la sintaxis de C + +):

```
# include <iostream.h>;

int principal ( )  {
```

```
cout << "Hello World!" ,

return 0 ;

}
```

No se alarme si no entiende nada de lo que ocurrió. Aquí "Hello World!" era una constante, no una variable, ya que no se almacena en memoria, sino que ha sido impuesta por la sentencia cout directamente.

INSTRUCCIONES

Las instrucciones son comandos pequeños que dictan al programa lo que debe hacer con ciertos datos. Pueden almacenar información, la información actual, esperar una entrada, etc.

Aquí hay algunas de las instrucciones que son más comunes, así como su implementación en C + + y PHP:

Instrucción	Descripción	PHP	Lenguaje C + +
MOSTRAR	Mostrar datos en la pantalla	echo (), print ();	cout <<
ENTRADA	Solicitar una entrada	$ _GET [] (No se utiliza	cin.get ()

		directamente)	

Estructuras de control

IF

IF es lo mismo que SI y se utiliza en todos los lenguajes de programación, ya que es la estructura más simple que existe. Su implantación supone el lanzamiento de un booleano Verdadero o Falso.

IF esto

Hacer aquello

ELSE

ELSE se utiliza como un adicional de IF, haciendo que todos los datos devueltos como FALSO en IF sean controlados por este ELSE.

IF esto

Hacer aquello

ELSE hacer otra cosa

SWITCH

El SWITCH es visto como un sustituto de IF-ELSE, cuando hay más de 2 opciones para ser controladas.

SWITCH Variable

CASE argumento 1: el código correspondiente

CASE argumento 2: el código correspondiente

CASE argumento 3: el código correspondiente

En este caso, switch buscará el argumento que contiene la variable adecuada y de esta forma elegirá que CASE ejecutar.

FOR

FOR es un bucle que se ejecuta mientras un determinado argumento no es cierto.

X = 1

FOR X <= 10

X = X + 1

Puede ser más difícil de desentrañar este código que los anteriores pero lo que está escrito aquí es que "mientras X no sea igual a 10, la declaración FOR siempre vuelve al principio y vuelve a aumentar el valor de X en 1".

El procesamiento de salida es la siguiente:

X = 1

X = 2

X = 3

X = 4

X = 5

X = 6

X = 7

X = 8

X = 9

X = 10

WHILE

WHILE es una estructura utilizada en la mayoría de lenguajes de programación actuales, especifica que se haga una acción mientras cierta condición es verdadera. Tenga en cuenta el ejemplo escrito en Pascal:

```
while ( x <> z )
  begin
    writeln ( 'Introduzca un valor para Z' )
      readln ( z )
  end;
```

En el código anterior, mientras que el valor de Z sea diferente al de X, se solicitará al usuario que introduzca el valor de Z.

FUNCIONES

Las funciones son pequeños trozos de código independiente que se especializan en el tratamiento de ciertos tipos de datos dentro de un programa. Hay lenguajes como C o C + +, que sólo trabajan con funciones, otros, como los lenguajes de script (PHP, Python, Perl, etc.), trabajan con funciones y con código publicado en secuencia.

Un ejemplo de implementación de funciones sería:

FUNCTION nombre_funcion (argumento 1, argumento 2, argumento x, ...)

Código

RETURN datos a ser devueltos al código principal

Ejemplo de implementación de función en código:

FUNCTION multiplicador (numero)

X = 10E21

Y = numero * X

RETURN Y

END-FUNCION

GET numero

IF numero >= 1

GOTO multiplicador

SHOW Y

END-IF

ELSE

SHOW "No es un número entero"

END-ELSE

En este código, vemos el poder de las funciones. En el caso anterior, se solicita al usuario introducir un número. Después de eso, el ordenador analiza si el número es un número entero, y si es así, se llama a la función multiplicador, devolviendo una variable Y que contiene el número introducido previamente multiplicado por el exponente de 22. Sin embargo, si el número introducido no es un entero, el equipo lanza un mensaje de error "No es un número entero".

ARRAYS

Las matrices son estructuras de datos simples, denominadas como vector o lista si son matrices unidimensionales o array si es poli-dimensional. Lo que ocurre es que, en una matriz los datos son mostrados y ordenados de acuerdo a las propiedades o variables que intentamos dominar.

En el siguiente caso se presenta un array ordenado con datos del estado de un programa de código abierto:

Array ('versión' => array ("Alpha"=> 0.1

"Beta" => 0.5

"End" => 0.9

)

-END ARRAY;

"SO" => array ("Win" => "Windows"

"Uni" => "UNIX"

"Mac" => "Mac-OS"

)

-END ARRAY;

)

-END ARRAY;

Los datos que se describen como "versión" y "SO" se llaman clave y todos los demás son Valores. Entonces todo valor apunta a una clave.

ARRAY (clave => valor);

OPERACIONES ARITMÉTICAS

En cualquier lenguaje es posible calcular las expresiones algebraicas aritméticas de conformidad con los signos convencionales (+ , - , * , y /), por lo que cualquier expresión numérica se comporta como se da en la matemática elemental. También es posible usar expresiones alfanuméricas para realizar cálculos más complejos (materia en la que no entraremos ya que aquí los lenguajes difieren en su comportamiento - algunos están de acuerdo, otros calculan el valor hexadecimal del carácter ASCII u otras cadenas de formulario (frases), etc. - lo que conduce a una gama infinita de posibilidades de programación, en función de los requisitos establecidos en cada tipo de lenguaje).

ARITMÉTICA

Podemos sumar cualquier expresión algebraica de la siguiente manera:

2 + 2 = A

MOSTRAR A

Obviamente obtendremos 4 como resultado mostrado.

Del mismo modo, es posible realizar cualquier operación de una calculadora matemática básica:

B = 4 * 5

MOSTRAR B / / número 20

3/2 = C

MOSTRAR C / / el resultado de 0, (6)

Una vez visto esto, podemos pensar que sería posible calcular expresiones complejas

5 + 2 3/3 - 5 = D

D DEMOSTRACIÓN

Lo que obtenemos de la expresión anterior puede ser un resultado ambiguo dependiendo de la forma en que los lenguajes de programación interpretan la expresión - la expresión puede ser calculada por secuencia lógica matemática o en la secuencia en que se muestra. Actualmente todos los idiomas comunes siguen una secuencia lógica para calcular la expresión matemática y por eso el resultado es 10, (6) y no 0, (6).

OPERACIONES COMPLEJAS

¿Cómo se comporta el equipo con los cálculos utilizando números de coma flotante o números exponenciales ?

Al igual que en matemáticas, el equipo intentará redondear decimales (algunos lenguajes como PHP requieren la función round () para redondear matemáticamente) y de calcular potencias, para conseguir un resultado con un número real aproximado que se dice matemáticamente que es cierto.

Coma flotante:

0.512 + 2/3 = 1.178 (6) / / cuántos decimales desea el usuario y la computadora permite

CONCLUSIÓN

Estas son las instrucciones más básicas utilizadas por todos los lenguajes de programación existentes, precisamente por ser básicas y simples. Sin ellas, un lenguaje no es acreditado y presenta demasiadas limitaciones como para poder considerarse un lenguaje de programación racional.

PSEUDO CÓDIGO

Pseudocódigo es una forma genérica de escribir un algoritmo, utilizando un lenguaje sencillo (un lenguaje nativo para quien escribe con el fin de ser entendido por cualquier persona) sin tener que conocer la sintaxis de cualquier lenguaje de programación. Es, como su nombre indica, un pseudo-código y por lo tanto no puede ser ejecutado en un sistema real (ordenador) - de lo contrario ya no sería pseudo.

Los libros de ciencias informáticas a menudo usan pseudocódigo para ilustrar sus ejemplos de modo que todos los programadores pueden entender la lógica de los programas (sin importar el lenguaje que utilizan), entendiéndose los conceptos facilitados después de la conversión a cualquier lenguaje de programación. Vamos a aprender en este libro los elementos más esenciales de la programación en pseudo-código.

CONSTANTES Y VARIABLES

Una máquina de computación es esencialmente una máquina de entrada y salida de datos. Podemos definir dos tipos de datos: constantes , que es un valor fijo que no cambia hasta el final del programa y variable que corresponde a una posición en la memoria del ordenador que almacena un dato particular y que se puede modificar durante el programa.

TIPOS DE VARIABLES

Al declarar una variable se le asigna una posición determinada en la memoria del ordenador. Por lo tanto hay una necesidad de determinar el tipo de la variable con el fin de tener suficiente espacio para la asignación de cualquier dato del tipo declarado.

- **Numérico**: variable que almacena datos de valor numérico (números). Algunos pseudo-códigos dividen este tipo de variables en reales y enteras, es decir, datos numéricos reales (con decimales) y números enteros.
- **Carácter**: variable que almacena los datos de la forma en que se escriben por lo tanto pueden asignar letras, números o letras y sólo números, pero el tratamiento de estos números es como texto y no como números mismos.
- **Lógico**: variable que sólo puede tomar dos valores: Verdadero o Falso.

MODELO DE PSEUDO-CÓDIGO

Vamos a utilizar el siguiente pseudo-código como modelo estándar:

- Cada programa debe comenzar con programa SuNombre
- El principio y el fin del programa estarán limitados por los marcadores Inicio y Fin
- Las variables se declaran en el comienzo del programa con NombreVariable: tipo de la variable

- Las variables no pueden estar en blanco y no pueden iniciar su nombre por número
- Los caracteres especiales no se deben utilizar en los nombres de variables (', `, ~, c, - y similares)
- Se debe evitar el uso de palabras reservadas (es decir, aquellas que utiliza el programa para funciones específicas, tales como inicio y fin).
- Considere que los nombres de las variables diferencian entre mayúsculas y minúsculas caso, es decir, son case sensitive. Así, el nombre de una variable declarada debe ser exactamente el mismo, incluyendo mayúsculas y minúsculas, hasta el final.
- Vamos a utilizar los comandos leer para recibir los datos del usuario y escribir para mostrar los datos al usuario.
- Los textos que se mostrarán en pantalla o que sea preciso insertar como carácter se colocarán entre "comillas".
- Los comentarios en el código se puede introducir entre llaves {} y se proporcionan únicamente con fines informativos, no cambian el código.

EJEMPLO DE PROGRAMA EN PSEUDO-CÓDIGO

Vamos a crear ahora un programa en pseudo-código que define los tipos de registros relacionados con las variables de un libro y recibe estos datos por parte del usuario, que luego se imprimirán en la pantalla.

Programa libro {definición de nombre de programa}

Inicio

CODIGODOLIBRO: entero

TÍTULO, AUTOR, REDACTOR: carácter {declaración de variables}

escribir "Este es un programa en pseudo-código que muestra los datos en pantalla de un libro"

escribir "Introduzca el código del libro"

leer CODIGODOLIBRO

escribir "Introduzca el título del libro"

leer TÍTULO

escribir "Introduzca el autor del libro"

leer AUTOR

escribir "Introduzca el editor del libro"

leer EDITOR

escribir "El libro de código es" CODIGODOLIBRO

escribir "El título del libro es" TÍTULO

escribir "El autor del libro es" AUTOR

escribir "El editor del libro es", EDITOR

Fin

ASIGNACIÓN DE VALORES A LAS VARIABLES

A las variables se les asignan valores del mismo tipo que en su declaración durante el procesamiento del programa. En el ejemplo anterior asociamos el valor introducido por el usuario a las variables. Si queremos asignar valores podemos utilizar <- que asocia un valor a un identificador.

Programa libro {definición del nombre de programa}

CODIGODOLIBRO: entero

TÍTULO, AUTOR, REDACTOR: carácter {declaración de variables}

escribir "Este es un programa en pseudo-código que muestra los datos en pantalla de un libro"

CODIGODOLIBRO <- 1

TÍTULO <- "El Señor de los Anillos"

AUTOR <- "JRR Tolkien"

EDITOR <- "Tralala Editorial"

escribir "El código del libro es" CODIGODOLIVRO {mostrará 1}

escribir "El título del libro es", TÍTULO {mostrará El Señor de los Anillos}

escribir "El autor del libro es", AUTOR {mostrará JRR Tolkien}

escribir "El editor del libro es", EDITOR {mostrará Tralala Editorial}

Fin

EXPRESIONES EN PSEUDO-CÓDIGO

Aquí se describirán las funciones y comandos utilizados para escribir en pseudocódigo.

Comandos iniciales

Estos comandos estarán siempre en el pseudocódigo para fines de organización y no tienen asignada ningún tipo de ejecución, son los siguientes:

Algoritmo "nombre de algoritmo" {donde lo que está entre "" es una variable literal}

Var {Sección de declaración de variables}

Inicio {Sección de inicio de comandos}

Fin {Indica el final del algoritmo}

COMANDO ALGORITMO

Sólo sirve para indicar el nombre del algoritmo, en el que el nombre debe ser citado como una variable literal obligatoriamente. Por ejemplo:

algoritmo "prueba"

COMANDO VAR

Indica dónde se declaran las variables, es opcional, ya que en algunos algoritmos sólo se imprimen instrucciones. Por ejemplo:

var

n1, n2: entero

n3, n4: real

nombre, código postal: literal

COMANDO INICIO

Indica donde comenzarán las instrucciones, es obligatorio. Por ejemplo:

inicio

Escribir ("Esto es un algoritmo")

Comando Fin

Sólo sirve para indicar que el algoritmo ha terminado, es obligatorio.

ORIENTACIÓN A OBJETOS

La Orientación a Objetos es una metodología de análisis orientado a objetos, proyecto orientado a objetos y lenguaje de programación orientado a objetos para la programación de sistemas de software basados en la composición y la interacción entre diferentes unidades de software llamadas objetos.

En algunos contextos, se prefiere utilizar un modelo de datos orientado a objetos en lugar de un diseño orientado a objetos.

El análisis y diseño orientado a objetos tiene como objetivo identificar el mejor conjunto de objetos para describir un sistema de software. El funcionamiento de este sistema es a través de la relación y el intercambio de mensajes entre estos objetos.

Hoy en día existen dos aspectos en el diseño de sistemas orientados a objetos. El diseño formal, típicamente usando técnicas como UML y los procesos de desarrollo como RUP, y la programación extrema, que utiliza poca documentación, programación en parejas y pruebas unitarias.

En la programación orientada a objetos, se implementa un conjunto de clases que definen los objetos en el sistema de software. Cada clase determina el comportamiento (que se define en los métodos) y los posibles estados (atributos) de su objeto, así como la relación con otros objetos.

Smalltalk , Modula , Eiffel , Perl , Python , Ruby , PHP , C + + , Java , D y Vala son los lenguajes de programación más importantes con soporte a la orientación a objetos.

CONCEPTOS

- La **Clase** representa un conjunto de objetos con características similares. Una clase define el comportamiento de los objetos, a través de los métodos, y que estados es capaz de mantener, a través de los atributos.

Ejemplo de clase:

HUMANO es una clase y sus atributos son: 2 brazos, 2 piernas, 1 cabeza, etc...

- El **Objeto** es una instancia de una clase. Un objeto es capaz de almacenar estados a través de sus atributos y responder a las llamadas enviadas a él, a fin de relacionarse y enviar llamadas a otros objetos.

Ejemplo de objetos de la clase Humanos:

JOHN es un objeto de la clase HUMANO, con todos los atributos de esta clase, pero su individualidad.

Por lo tanto, el objeto es una discriminación de la clase, la clase debe ser una generalización de un conjunto de objetos idénticos o con la misma base.

- **Llamada o mensaje es una llamada a un objeto** para invocar uno de sus métodos, activando un comportamiento descrito por su clase.

- La **herencia** es el mecanismo por el cual una clase (subclase) puede extender de otra clase (superclase), aprovechando sus comportamientos (métodos) y los posibles estados (atributos). Hay herencia múltiple cuando una subclase tiene más de una superclase. Un ejemplo de herencia podría ser: MAMIFERO es superclase de HUMANO. Es decir, un ser humano es un mamífero.

- La **asociación** es el mecanismo por el que un objeto utiliza los recursos de otro. Puede ser una simple asociación "utiliza un" o una "parte de". Por ejemplo: Una persona usa un teléfono. La tecla "1" es parte de un teléfono.

- La **encapsulación** es la separación de los aspectos internos y externos de un objeto. Este mecanismo se utiliza ampliamente para evitar el acceso directo al estado de un objeto (sus atributos), apenas siendo accesibles los métodos que alteran estos estados.

Por ejemplo:

Usted no necesita saber los detalles de un circuito telefónico para usarlo. La cubierta del teléfono encapsula estos detalles, lo que le proporciona una interfaz de usuario más amigable (botones, señales de tono auricular y).

- La **abstracción** es la capacidad de centrarse en los aspectos esenciales de un contexto haciendo caso omiso de las características de menor importancia o accidentales. En el modelo orientado a objetos, una clase es una abstracción de entidades existentes en el dominio del sistema de software.

- El **polimorfismo** permite que una referencia a un tipo de una superclase tenga su comportamiento cambiado de acuerdo a la instancia de la clase hija asociada con ella. El polimorfismo permite la creación de superclases abstractas, es decir, con los métodos definidos (declarados) y no implementados, donde la implementación se produce sólo en subclases no abstractas.

EJERCICIOS

Ejercicio 1

Verdadero o falso

Principio del formulario

1. No necesito otro programa al terminar mi código en C + +. Sólo tengo que ejecutarlo directamente en la máquina.

- [ ] Verdadero.
- [ ] Falso.

2. El ensamblador es un lenguaje muy accesible para el usuario final.

- [ ] Verdadero.
- [ ] Falso.

3. Los scripts son lenguajes dinámicos y se utiliza en intervenciones pequeñas, para no tener que utilizar el compilador.

☐ Verdadero.

☐ Falso.

4. Siempre tengo que escribir un algoritmo antes de empezar a escribir un programa en un lenguaje.

☐ Verdadero.

☐ Falso.

Final del formulario

Crear algoritmos

1. Crear un algoritmo para la siguiente frase:

"Si estuvieras en el estado A tienes que descifrar el código B y sumar 2 al resultado de B.

Si no fuera A ir al C y detener."

2. Descifre el siguiente al algoritmo:

IF Libro 1

GOTO Page 251

SUMA 2 NA Page = VAR

SALIDA VAR

ELSE Libro 2

GOTO Page 23

RESTAR 2 NA Page = VAR

SALIDA VAR

Soluciones

Verdadero o falso

1. Falso | 2. Falso | 3. Verdadero | 4. Falso

Crear algoritmos

1.

IF A

DECIFRAR B + 2 = VAR

ELSE

C

STOP

2.

"Si tienes el Libro 1, ve a la página 251, e muestra o valor de la suma entre la página y 2.

Si tienes el Libro 2, ve a la página 23, e muestra el valor de la resta entre la página e 2."

Ejercicio 2

Verdadero o falso

Principio del formulario

1. Una sentencia FOR es una instrucción básica.

- [ ] Verdadero.
- [ ] Falso.

2. Es necesario incluir una instrucción ELSE en un IF.

- [ ] Verdadero.
- [ ] Falso.

3. SWITCH es útil para loops.

- [ ] Verdadero.
- [ ] Falso.

4. Las variables guardan datos en la memoria para poder ser manipulados.

☐ Verdadero.

☐ Falso.

Final del formulario

Crear algoritmos

1. Cree un algoritmo para la situación de esta empresa:

"El problema encontrado por nuestros trabajadores es que al encargar una pieza de automóvil, introducir la marca y solicitar la dirección, el programa no detecta si el registro termina en X o en Y. Si termina en Y no podemos solicitarlo directamente. Tenemos que introducir el código de salida (que termina en 00 en 01 o en 02) para evitar el trabajo para las dirección A, B o C respectivamente."

2. Descifre el algoritmo presentado:

Y = " polígono"

E = " no"

GET X

IF X=0

MOSTRAR "No se puede aceptar el número!"

END-IF

ELSE

SWITCH X

CASE 1: "Es un polígono"

CASE 2: "No es un polígono"

CASE 3: "Como puedo aceptar un polígono aquí?"

END-SWITCH

END-ELSE

Soluciones

Verdadero o falso

1. Verdadero | 2. Falso | 3. Falso | 4. Verdadero

Crear algoritmos

1.

GET REGISTRO

IF REGISTRO=Y

GET ESCAPE

SWITCH ESCAPE

CASE "00": A

CASE "01": B

CASE "02": C

END-SWITCH

END-IF

2.

"El programa va a pedir X y si este fuera igual a cero va a decir que no puede aceptar ese número.

Se X es un uno va a responder que es un polígono, si es igual que dos va a decir que no lo es y si dice que es igual a tras va a preguntar como podría aceptar un polígono aquí."

HISTORIA Y EVOLUCIÓN DE LA PROGRAMACIÓN

En este capítulo se presenta un breve análisis de la historia y la evolución de los lenguajes de programación.

ENSAMBLADOR

El ensamblador fue desarrollado en los años 50 y fue de los primeros lenguajes de programación en aparecer. Utiliza una sintaxis complicada y difícil, y esto se debe a que, antes de la década de los 50, los programadores tenían que escribir las instrucciones en código binario, algo así como: 0110010110011011010110011010111010110101...para escribir una instrucción. De hecho, el ensamblador fue creado para facilitar el uso de esta tarea pero se considera un lenguaje de bajo nivel, porque todo lo que interpreta el procesador tiene que ser escrito por el programador. Así el código anterior sería "añadir EAX" en ensamblador. Se requiere sólo después de ser terminado de escribir el código, ejecutar el compilador y ya tenemos el programa.

- **Ventajas**: programas muy rápidos y pequeños.
- **Desventajas**: tiempo de desarrollo lento y propenso a errores, código preso de una arquitectura.

Fortran

Fortran (Formula Translator) es un lenguaje de alto nivel que se creó para solucionar los problemas y las dificultades presentadas por el ensamblador. También apareció en los años 50 y era considerado uno de los mejores lenguajes de la época. Cuenta con varias funciones predefinidas e instrucciones que nos permiten ahorrar tiempo al escribir las instrucciones básicas del procesador, a diferencia del lenguaje ensamblador.

Pascal

Otro idioma de alto nivel desarrollado en la década de los 60, bien estructurado pero con reglas muy estrictas, lo que hace que sea difícil de modelar para crear nuevas ideas. Es el típico lenguaje utilizado para iniciarse en programación. Actualmente entornos de desarrollo (IDE) como FreePascal, Kylix y Delphi son excelentes opciones para ser usados con Pascal.

- **Ventajas**: fuertemente tipado (bueno para los principiantes que no están muy familiarizados con la programación)
- **Desventajas**: impide ser creativos a los programadores más veteranos

COBOL

Era un lenguaje utilizado para la creación y estructuración de las bases de datos financieros en los años 60 y que todavía se utilizan para este tipo de servicios. En comparación con Pascal y ensamblador, este lenguaje es muy amigable y bastante asequible y actualmente sirve para muchas tareas.

LENGUAJE C.

Se podría decir que C es una de las maravillas de los lenguajes de programación. Muchos de los programas existentes en la actualidad están escritos en este lenguaje. C fue desarrollado en los Laboratorios Bell en los años 70 y tiene las siguientes características:

- Portabilidad entre máquinas y sistemas operativos
- Los datos compuestos en un formato estructurado
- Interacción total tanto con el sistema operativo como con la máquina
- Compacto y rápido

En los 80 fue el lenguaje más utilizado por los programadores por permitir la escritura intensiva de todas las características de los lenguajes anteriores. Los propios UNIX y Linux fueron escritos en C, así como el front-end de MS-DOS, de Windows, y las aplicaciones de oficina más utilizados en el mundo (OpenOffice.org, Microsoft Office, aunque cada una incluye sus propios scripts), también se utilizó en aplicaciones de gráficos y en la creación de efectos especiales en las películas Strar Trek y Star Wars.

- **Ventajas**: programas muy rápidos y pequeños.
- **Desventajas**: el tiempo de desarrollo lento y propenso a errores.

C++

Un lenguaje que suma a C un conjunto de recursos tal y como su nombre indica. C + + está orientado a objetos. En la década de los 90, fue objeto de varias actualizaciones y normas; el estándar de C + + ha sido ampliamente trabajado por los desarrolladores desde hace ocho años, cuando fue finalmente aprobado por ANSI. Varios proyectos como KDE (front-end para UNIX, Linux, BSD y recientemente para Windows) están escritos en C + +.

- **Ventajas**: programas muy rápidos y pequeños, protege contra algunos errores comunes en C.
- **Desventajas**: tiempo de desarrollo lento.

JAVA, C

Lenguajes en alza a finales de los años 90 y principios de 2000, tienen alto poder de abstracción y buenas capacidades de virtualización, lo que les da mucha independencia sobre la plataforma, aunque esta característica todavía se está mejorando.

- **Ventajas**: la facilidad de C / C + + y vínculos de patentes con las empresas que los desarrollan.

PHP

PHP apareció en 1994 y pretendía revolucionar el mercado de los lenguajes para la creación de scripts para Internet. Realmente es un lenguaje excepcional donde se permite hacer todo lo que hacen los CGI y aún más cosas. Para aquellos que quieran seguir la programación de aplicaciones web es el lenguaje a estudiar, junto con Perl, también se utiliza en la creación de herramientas para los sitios web.

- **Ventajas**: la facilidad de implementación y ejecución.
- **Desventajas**: cierta lentitud, depende del entorno en el que se ha instalado el servidor.

Perl, Python, Ruby

Los ciclos de procesamiento y el ordenador son cada vez más baratos, mientras que el tiempo del programador y la creatividad son cada vez más caros. Por lo tanto, la tendencia actual en el mercado es la de promover lenguajes de alto nivel, menos optimizados para la máquina y más optimizados para el programador: lenguajes como Perl, Python y Ruby son lenguajes de programación de alto nivel, con un nivel de abstracción relativa alta, lejos de la máquina y más cerca de código de lenguaje humano.

- **Ventajas**: facilidad de aplicación y cumplimiento en relación a Java y C #
- **Desventajas**: más lento que los programas en C / C++

SIMILITUDES Y DIFERENCIAS

Las similitudes entre los diversos lenguajes son evidentes: la lógica binaria, sentencias if, else, goto, switch, etc... entre otros procesos. Sin embargo, es necesario tener en cuenta que la sintaxis básica de estos lenguajes es distinta y se requiere su aprendizaje. Para ello, el mejor lugar para aprender y mejorar son libros sobre la materia.

Conclusiones Finales

El mundo de la programación se encuentra en momento apasionante en la actualidad. La llegada de los nuevos dispositivos móviles, tales como los smatphones, iphones, tablets, smartTvs,, etc... están creando una demanda sin precedentes de aplicaciones de software.

Como futuro programador deberá de plantearse en que tipo de tecnologías querrá enfocar su actividad antes de ponerse en serio a estudiar a fondo un lenguaje de programación, como base estaría bien que comenzara leyendo un libro de programación en C y un libro de fundamentos sobre las bases de datos o de MySQL, para coger una buena base en programación, luego como ya mencionamos anteriormente, deberá de ver que área le gustaría empezar a programar y a partir de ahí empezar a estudiar un lenguaje a fondo, como por ejemplo:

- Programación web: PHP, ASP, JSP, etc...
- Programación aplicaciones de escritorio: Java, .NET Framework, C++.
- Programación de aplicaciones para dispositivos móviles:
    - Smatphones y tables: Java para Android, XNA Framework, .NET Framework y C#.
    - iPhones y iPad: Objective-C.
- Programación de Sistemas Operativos: C, C++ y ensamblador.

Si usted se decide a empezar a programar, bienvenido a un mundo apasionante donde es conocimiento nunca termina.

LÓGICA PROPOSICIONAL DE PROGRAMACIÓN LÓGICA

La Lógica proposicional es un sistema lógico que busca formalizar la noción de la proposición, y como un conjunto de proposiciones puede ser creado mediante la combinación de propuestas para generar un resultado coherente que se puede aplicar para determinar si este conjunto es verdadero o falso. Es esencial para aprender los conceptos básicos de la lógica proposicional, ya que se basa en esta lógica lenguajes de programación estructurados para tratar de abstraer las decisiones que se toman en el mundo real.

PROPOSICIÓN

Cualquier proposición es una declaración de lo que hacemos, que puede tomar el valor de Verdadero (V) o Falso (F). Por ejemplo:

- "Hoy está lloviendo."
- "El sol es amarillo."
- "Usted está enfermo."
-

Ejemplos de no proposiciones

- "¿Va a salir hoy?".
- "Tal vez dejaré de fumar."

Para considerarse como una proposición, una sentencia debe ajustarse a las siguientes reglas básicas:

- Principio de no contradicción: una proposición no puede ser verdadera y falsa al mismo tiempo. Es decir, si tenemos una propuesta: Está lloviendo, debe ser verdadero o falso (está lloviendo o no está lloviendo) y nunca ambos al mismo tiempo.
- Principio del tercero excluido: una proposición debe ser verdadera o falsa, no puede haber una tercera posibilidad. Es decir, si tenemos una proposición de la luna es cuadrada, la proposición debe ser verdadera o falsa, no debe ser un "más o menos".

Es importante entender el concepto de la proposición para la programación, porque en general, los equipos de procesamiento de datos deben estar dispuestos de forma lógica, a lo largo del valor asociado (verdadero o falso) de estas estructuras, para hacer un programa u otra acción.

CONEXIONES LÓGICAS

En la lógica de proposiciones, para facilitar la construcción de estructuras proposicionales, cada proposición puede ser representada por una letra minúscula cualquiera en lugar de utilizar toda la proposición. Por lo tanto, en lugar de utilizar una sentencia como "El árbol es alto", podemos utilizar una letra (por ejemplo, la letra p para representarla). Siempre que usted necesite utilizar "El árbol es alto," no vamos a necesitar reescribir toda la frase, sino que utilizaremos la letra p.

A toda proposición que es simple la llamamos elemento o átomo. Combinamos un conjunto de proposiciones simples usando conectores lógicos. Hay muchos tipos diferentes de conectores lógicos, pero en este libro vamos a aprender a utilizar los tres conectores básicos: la negación (NOT), conjunciones (AND) y disyunción (OR).

VERDAD-TABLAS

Las tablas de verdad es el nombre que se dan a las tablas lógicas que determinan todos los posibles resultados de las combinaciones de Verdadero o Falso en una estructura proposicional propuesta. Estos existen para facilitar la comprensión de los resultados obtenidos cuando se asocia un valor V o F para una propuesta. Así que para saber el resultado, simplemente viendo qué valor asociamos a cada propuesta, nos fijamos en la tabla y veremos el resultado en la última columna.

Negación (NOT)

La negación de una proposición significa la inversión de su valor. El símbolo de la negación es ~, para negar un valor de una proposición la asociamos con el símbolo delante de la proposición que queremos negar. Para entender la lógica de esta conexión, imaginemos que tenemos la siguiente proposición: Hoy está lloviendo, representada por p. Su negación, es ~ p, lo que significa que hoy en día no está lloviendo. Pero si p es verdadero, ~ p es falsa, y viceversa. Así, en el análisis de todos los posibles valores de p, vemos que para cada valor asociado en p tiene su negación.

p	~ P
V	F
F	V

Conjunción (Y)

La conjunción de dos proposiciones significa que el conjunto sólo será verdadero si todas las proposiciones que son verdaderas son las articulaciones. De lo contrario, si al menos un elemento es falso, toda la estructura se convierte en falsa. El símbolo utilizado para representar este valor es ^. Para entender la lógica de esta conexión, imaginemos que tenemos la siguiente proposición: Hoy está lloviendo hoy y María se quedó en casa. Si representamos la primera proposición como p y la segunda como q, podemos representar la conjunción de las dos proposiciones de la forma p ^ q, lo que significa hoy está lloviendo hoy y María se quedó en casa. La frase completa es verdadera sólo si las dos proposiciones que la componen son verdaderas: si alguno (o ambos) es falso, toda la frase se convierte en falsa.

p	q	p ^ q
V	V	V

V	F	F
F	V	F
F	F	F

Disyunción (OR)

La disyunción de dos proposiciones significa que el conjunto es verdadero si al menos una de las proposiciones es cierta. El símbolo utilizado para representar la disyunción es V. Para entender la lógica de esta conexión, imaginemos que tenemos la siguiente proposición: Hoy está lloviendo y hoy María se quedó en casa. Si representamos la primera proposición como p y la segunda como q, podemos representar la disyunción entre las dos proposiciones en la forma p V q, lo que significa que hoy está lloviendo y hoy María se quedó en casa. Sólo una de las frases tiene que ser cierta para que cualquier frase sea verdadera.

p	q	pVq
V	V	V
V	F	V
F	V	V
F	F	F

Combinando las Proposiciones

Hasta ahora, hemos visto las combinaciones entre dos proposiciones. Sin embargo, podemos combinar tres o más proposiciones. El cálculo de los valores lógicos sigue siendo el mismo. Por ejemplo, imagine la siguiente estructura:

p ^ q V r

¿Cuál sería el valor lógico de la frase? Visualice la tabla de la verdad de p ^ q donde p = V y q= F, el resultado es F. Así que nos vamos a la segunda parte: si tenemos p ^ q es F r es F, vemos que FVF es F. Por lo tanto, p ^ q V r es False. Los paréntesis son necesarios para definir las prioridades de cálculo, los utilizamos como en los cálculos estándar. Por lo tanto, si tenemos (p ^ q V (~ r ^ q)) significa que (q ^ ~ r) debe ser calculado antes que el resto.

ALGORITMOS DE CONSTRUCCIÓN UTILIZANDO LA LÓGICA DE PROGRAMACIÓN

Cada vez que escribimos código en un lenguaje de programación, no podemos escribir "lo que queramos". La información escrita debe ser organizada con el fin de "ordenar" a la computadora lo que tiene que hacer. Por lo tanto, para escribir un programa informático, escribimos los algoritmos que indican a la computadora lo que tiene que hacer de acuerdo a las reglas establecidas por las reglas del lenguaje de programación. Pero a pesar de que los lenguajes varían, los algoritmos son esencialmente los mismos.

Un algoritmo es un conjunto de instrucciones organizadas con el fin de alcanzar un objetivo. Imaginemos que nos vamos a duchar. ¿Como describiría paso a paso la acción de ducharse? Veamos un ejemplo:

- Desnudarse
- Abrir la ducha
- Mojarse
- Enjabonarse el pelo
- Enjabonarse el cuerpo
- Enjaguarse el cabello
- Enjaguarse el cuerpo
- Cerrar la ducha.

Hay otras maneras de escribir un algoritmo. Un algoritmo puede ser "como hacer un pastel", "como hacer un examen de matemáticas", etc. También es importante que el algoritmo sea simple, es decir, que no contenga elementos innecesarios, que sea detallado, es decir, que sus declaraciones no sean demasiado genéricas, y que no sean ambiguos, es decir, que no den lugar a interpretaciones dudosas. Para escribir los algoritmos de una manera más "adecuada" para que cumplan nuestros objetivos, lo mejor es trabajar cada estructura lógica paso a paso como hemos visto antes.

COMO ESCRIBIR UN ALGORITMO

Nuestro "baño" es un algoritmo escrito para sea fácilmente entendido por la mayoría de los seres humanos que habla español. Hay varias maneras convenientes o inconveniente para escribir un algoritmo en función de la necesidad que tengamos. Cuando estamos "creando" un algoritmo que vamos a traducir a un lenguaje de programación, existen dos formas muy comunes de representación: los diagramas de flujo y el pseudocódigo.

Vamos a utilizar estas clases para el pseudo-código.

El Pseudocódigo es el nombre que se le da a un algoritmo cuando se escribe paso a paso de una manera lógica, y además, como si fuera un lenguaje de programación. El pseudocódigo no es la programación en sí, sino una manera de escribir un algoritmo para facilitar la posterior conversión a cualquier lenguaje. En España y en los países de habla española, el pseudo-código también es conocido como la estructura española, ya que utilizamos nuestro vocabulario del día a día para su creación. Es importante destacar que existen diferentes métodos para escribir el pseudo-código, que normalmente se basa en el lenguaje de programación para el que vamos a hacer la posterior conversión. Otro método común de representación de algoritmos es la construcción de diagramas de flujo, que son conjuntos de dibujos en los que cada formato representa una orden diferente. Este modelo es más utilizado en los proyectos relacionados con la ingeniería de software.

LA CONSTRUCCIÓN DE UN ALGORITMO EN PSEUDOCÓDIGO

Nuestro algoritmo en pseudocódigo tiene la siguiente estructura:

1: Algoritmo Nombre Algoritmo

2: COMIENZO

3: algoritmo en sí

4: END

En la línea 1, tenemos el algoritmo de marcado y el Nombre Algoritmo. Así que el algoritmo que hemos creado lo podemos llamar "ALGORITMO Bañarse". Pero ¿por qué escribir esto? Para facilitar la creación y composición de los nombres, para ello podemos seguir las siguientes normas:

- No utilizar espacios entre las palabras;
- No utilizar números al comienzo de los nombres;

- No utilizar caracteres especiales en los nombres (por ejemplo, ~,, * &% $ # @).
- Para montar nuestros algoritmos, debemos adoptar algunas reglas:
- Vamos a hacer todos los pasos de un algoritmo en una fila
- En cada paso, vamos a poner un punto y coma para terminar la línea (;). Esto facilitará la lectura para saber cuando termina una instrucción y la siguiente.
- El algoritmo debe tener un fin.
- El algoritmo no puede disponer de comandos ambiguos, es decir, todo se debe establecer con precisión y sin posibilidad de interpretaciones erróneas.

Ahora vamos a incorporar estas reglas en nuestro algoritmo "bañarse":

ALGORITMO Bañarse

COMIENZO

Desnudarse;

Abrir la ducha;

Mojarse;

Enjabonarse el pelo;

Enjabonarse el cuerpo;

Enjuagarse el pelo;

Enjuagarse el cuerpo;

Cerrar de ducha;

FIN

Para iniciar la estructuración de nuestros algoritmos de una manera que se entienda mejor para los lenguajes de programación, es importante saber cómo estructurar sus algoritmos de una manera sencilla, obedeciendo a las etiquetas de inicio y de finalización. Dichas marcas, en el lenguaje de programación en sí, dicen cuando comienza una instrucción y cuando termina.

DATOS

Dentro del programa, el concepto de datos es esencial para la creación de algoritmos. Un dato es un valor manipulado por un algoritmo. Al escribir en un teclado, al utilizar un ratón, al hacer un cálculo, o al capturar una imagen en nuestro monitor, estamos trabajando con datos. Por lo tanto, la información de datos se organiza para permitir la entrada, el procesamiento y la salida mediante un algoritmo. Cuando hacemos la suma de 1+1=2, tenemos dos datos (1 y 1), se realiza un cálculo, y se arrojan nuevos datos (2).

En los ordenadores, los datos se trabajan en código binario. Pero los ordenadores funcionan de una manera diferente a los seres humanos: sus recursos de memoria son limitadas y deben los algoritmos deben estar bien elaborados para no generar conflictos en el momento de registrar la información, los datos no se trabajan directamente. Antes de utilizar cualquier información, la computadora reserva un espacio en su memoria, y entonces coloca los datos en este marcador de posición y realiza los cálculos. De manera parecida a los libros de una estantería: hay que dejar espacio en los estantes para "acomodar" los libros que queremos. Para facilitar la comprensión de como funciona un equipo, imagine la cuenta anterior (1+1=2).

- En primer lugar el ordenador se reserva un espacio para el resultado. Vamos a llamar a este espacio RESULTADO.

RESULTADO

- En segundo lugar, el equipo se reserva un espacio para el primer número, que llamaremos PRIMERNUMERO.

PRIMERNUMERO RESULTADO

- En tercer lugar, el equipo se reserva un espacio para el segundo número, que llamamos SEGUNDONUMERO.

RESULTADO PRIMERNUMERO SEGUNDONUMERO

- En cuarto lugar, le decimos al equipo que el primer número es igual a 1 y el segundo número es también igual a 1.

RESULTADO PRIMERNUMERO SEGUNDONUMERO

PRIMERNUMERO = 1

SEGUNDONUMERO = 1

- En quinto lugar, establecer el cálculo entre los dos números, asociando el resultado RESULTADO al marcador de posición:

RESULTADO PRIMERNUMERO SEGUNDONUMERO

PRIMERNUMERO = 1

SEGUNDONUMERO = 1

RESULTADO = PRIMERNUMERO + SEGUNDONUMERO

Aquí tenemos que distinguir dos cosas importantes:

- Siempre tenemos que reservar espacio para todos los datos utilizados en el programa para calcular. Esta reserva de espacio se llama la declaración de datos.
- Asociamos un valor usando del signo =. Por lo tanto, el resultado anterior recibe el valor de la suma de los dos números. Si queremos asociar un valor único sólo tenemos que poner el valor después del =.
- El primer valor (antes del =) recibirá el valor de cualquier acción que realizamos después del =. Así, por ejemplo, una resta toma la siguiente forma: RESULTADO = PRIMERNUMERO - SEGUNDONUMERO o en una multiplicación sería RESULTADO = PRIMERNUMERO * SEGUNDONUMERO.

Nuestro algoritmo para 1+1=2, sería parecido a lo siguiente:

Sumar Algoritmo

```
COMIENZO

RESULTADO;

PRIMERNUMERO;

SEGUNDONUMERO;

PRIMERNUMERO = 1;

SEGUNDONUMERO = 1;

RESULTADO = SEGUNDONUMERO + PRIMERNUMERO;

FIN
```

Acaba de definir el nombre de los datos que se utilizarán en el programa, pero necesitamos más datos. Tenemos que saber primero si los datos son una constante o una variable, y qué tipo de datos se está trabajando.

Constantes y Variables

Una constante es un hecho que nunca cambiará su valor a lo largo del algoritmo. En el ejemplo anterior, PRIMERNUMERO, SEGUNDONUMERO y RESULTADO son constantes. Pero imagine que el algoritmo anterior puede añadir cualquier número en vez de los dos números que hemos insertado, es decir, que no realice sólo la operación 1+1. En este caso tenemos una variable dada.

En primer lugar, vamos a aprender una instrucción: READ. El comando de lectura significa que el equipo aceptará un valor desde el teclado, para asocialo como espacio separado y luego hacer el cálculo. Esto significa que podemos hacer cualquier cálculo con cualquier número introducido, ya que será recibido por READ.

Sumar Algoritmo

COMIENZO

RESULTADO;

PRIMERNUMERO;

SEGUNDONUMERO;

READ PRIMERNUMERO;

READ SEGUNDONUMERO;

RESULTADO = SEGUNDONUMERO + PRIMERNUMERO;

FIN

Pero si esta posibilidad existe, ¿por qué tenemos que utilizar constantes? Las constantes sólo son útiles cuando no necesitamos cambiar el valor de los datos nunca. Supongamos que queremos añadir siempre 10 al primer número, por cualquier razón. Así, podemos reconstruir el algoritmo como:

Suma Algoritmo

```
COMIENZO

RESULTADO;

PRIMERNUMERO;

SEGUNDONUMERO;

READ PRIMERNUMERO;

SEGUNDONUMERO = 10;

RESULTADO = SEGUNDONUMERO + PRIMERNUMERO;

FIN
```

TIPOS DE DATOS

El algoritmo anterior es más parecido a un algoritmo de programación, pero todavía es muy sencillo e incompleto. ¿Y si en lugar de escribir un número en el comando READ PRIMERNUMERO, tecleásemos una letra? En estos casos, cuando declaramos una variable, también debemos decirle el tipo de datos que recibimos. Pero podemos hacer más todavía, cuando decimos el tipo de datos asociado a un hecho, estamos estableciendo límites para contar la cantidad de espacio que queda reservado para estos datos. Sin embargo, si un hecho va a ocupar un tamaño máximo de 9 números, como un teléfono móvil, ¿Porqué dejar espacio para 20 números? Es necesario estimar y limitar el tamaño de las variables para no provocar un mal uso de los recursos informáticos.

Otro ejemplo para determinar la importancia de declarar el tipo de un hecho, es que la suma anterior, se puede sumar 1+1, pero nuestro programa puede calcular ¿34165631341 + 895647365645?

Los tipos de datos más básicos son:

- Largo: Los datos pueden recibir cualquier valor numérico entero positivo o negativo. Por ejemplo, las cifras como 1,2565, 3.124.587 o -5 se pueden representar sin mayores problemas.
- Real: los datos pueden recibir cualquier valor de número real positivo o negativo. Este tipo de datos se utiliza principalmente para la representación de números con decimales. Así podemos representar valores como 0.5, 25.6352, -639.5214, entre otros.
- Texto: los datos pueden recibir cualquier valor alfanumérico, además de caracteres especiales. En estos casos, este tipo de datos no pueden participar en los cálculos ordinarios.
- Lógico (booREADnos): los datos tienen valores de 0 (FALSE) o 1 (TRUE), y sólo estos valores.

Para declarar el tipo de un dato (constante o variable), se utiliza la estructura de Nombre de variable: Tipo. Para realizar cualquier operación entre los datos, estos deben ser del mismo tipo. Por lo tanto, los enteros se calculan sólo con números enteros, y sus resultados son números enteros, y así sucesivamente. En el algoritmo anterior, haremos un cambio:

Sumar Algoritmo

COMIENZO

RESULTADO: INTEGER;

PRIMERNUMERO: INTEGER;

SEGUNDONUMERO: INTEGER;

READ PRIMERNUMERO;

SEGUNDONUMERO = 10;

RESULTADO = SEGUNDONUMERO + PRIMERNUMERO;

FIN

Para cerrar este contenido, veremos un nuevo comando WRITE. Este comando servirá para "mostrar" ciertos datos en nuestra pantalla de ordenador. Imaginemos que queremos mostrar el resultado del cálculo en la pantalla del ordenador, después escribimos dos números y hacemos clic. Vamos a hacer el siguiente cambio:

Suma Algoritmo

COMIENZO

RESULTADO: INTEGER;

PRIMERNUMERO: INTEGER;

SEGUNDONUMERO: INTEGER;

READ PRIMERNUMERO;

```
SEGUNDONUMERO = 10;

RESULTADO = SEGUNDONUMERO + PRIMERNUMERO;

WRITE RESULTADO;

FIN
```

DATOS NUMÉRICOS Y DE TEXTO EN LA LÓGICA DE PROGRAMACIÓN

COMPOSICIÓN DE LOS NOMBRES DE CONSTANTES Y VARIABLES

Volviendo a nuestro algoritmo que realiza la suma de dos números y devuelve un resultado:

```
Suma Algoritmo

COMIENZO

RESULTADO: INTEGER;

PRIMERNUMERO: INTEGER;

SEGUNDONUMERO: INTEGER;

READ PRIMERNUMERO;

SEGUNDONUMERO = 10;

RESULTADO = SEGUNDONUMERO + PRIMERNUMERO;

WRITE RESULTADO;

FIN
```

Creamos (declarar) tres datos llamados RESULTADO, PRIMERNUMERO y SEGUNDONUMERO. En lugar de utilizar estos nombres, podríamos haber puesto el nombre que desee. Sin embargo, una buena recomendación es que los nombres sean fáciles de recordar, ya que usted probablemente tendrá que usar esto muchas veces durante un código, que sean adecuados para el código y obedezca a las reglas siguientes:

- Los nombres de las variables y de las constantes no pueden contener espacios en blanco: Por ejemplo, no se puede declarar como números primos, Nombre Cliente o similares. Podemos declarar como NUMEROPRIMO, NOMBRECLIENTE, y en cualquier caso que no tenga espacios en blanco entre las palabras.
- Los nombres de las variables y de las constantes no pueden empezar por un número, es decir, un nombre siempre debe comenzar con una letra entre la a y la z. Por ejemplo, 1NUMEROPRIMO.
- Los nombres de las variables y de las constantes no pueden contener caracteres especiales (como ç, ~, ', %, $, -, etc): Por lo tanto, no se puede declarar un dato llamado OPCIÓN. Si quieres algo parecido lo podría declarar como OPCION. El único carácter especial que se acepta en los nombres de las variables y de las constantes es la parte inferior _.
- Los nombres de las variables y de las constantes son CASE SENSITIVE, es decir, se distingue entre las mayúsculas y las minúsculas. Por ejemplo, si se declara un punto de datos como OPCION y aparece más adelante como opcion, tenga en cuenta que el programa los tratará como datos diferentes. Una buena recomendación, que será utilizada en este libro

es que todos los datos tienen sus nombres escritos en mayúsculas.

- Los nombres de las variables y de las constantes no pueden ser palabras reservadas: Las palabras reservadas son los nombres que damos a las palabras que el lenguaje de programación usa para otras funciones. Para nosotros, consideramos las palabras reservadas cada declaración que aprendemos o usamos, como ALGORITMO, COMIENZO, READ, WRITE, INTEGER, entre otros.

Comentar Algoritmos

Cuando escribimos un algoritmo, la idea es que esto sea claro y fácil de leer, no sólo para los demás sino para nosotros mismos. Después de todo, podemos tener una idea de cómo resolver un problema, y después de un tiempo no recordar o entender la estructura que había propuesto. Todos los lenguajes de programación proporcionan un recurso para comentar el código, que es un comando que nos permite escribir lo que queramos, pero que después no serán interpretado por el programa. En pseudocódigo utilizamos llaves {} para los comentarios, todo lo que se coloca dentro de las llaves se considera un comentario y no serán considerados por el algoritmo.

Sumar Algoritmo

COMIENZO

RESULTADO: INTEGER; {esta variable recibe la suma de un número introducido y de un segundo número}

PRIMERNUMERO: INTEGER;

SEGUNDONUMERO: INTEGER;

READ PRIMERNUMERO; {aquí recibido el valor que el usuario escribe en el teclado}

SEGUNDONUMERO = 10; {establece que el segundo número es 10}

SEGUNDONUMERO = PRIMERNUMERO + SEGUNDONUMERO; {la suma se lleva a cabo aquí}

RESULTADO WRITE; {aquí muestra en la pantalla el cálculo realizado}

FIN

ASIGNACIÓN DE VALORES A LAS VARIABLES Y A LAS CONSTANTES

Las variables y las constantes como vimos anteriormente son espacios en la memoria del ordenador que pueden recibir información del tipo seleccionado. Podemos modificar esta información cuando lo requiera nuestro algoritmo. Esta asignación se realiza mediante el signo =, con la siguiente estructura:

Variable o constante = valor a ser recibido;

La cantidad recibida se puede ser un número (en el caso del tipo de datos ENTERO o REAL), de texto (en los casos de tipo texto) o lógico (1 y 0). En los casos de los tipos numéricos, el valor que recibirá también puede ser una expresión matemática, lo que conduce a un valor que se asignará a la variable.

MATEMÁTICAS

Se puede realizar cualquier operación matemática entre los datos numéricos del mismo tipo (enteros con enteros, reales con reales, etc...). El como realizar estos cálculos es algo muy similar a lo que ya hemos visto anteriormente, donde separamos los espacios para el resultado y para los operandos. Los símbolos de las operaciones básicas que se pueden utilizar son:

Operación	Símbolo
Suma	+
Resta	-
Multiplicación	*
División	/
Potenciación	^
El resto de la división	%

Por lo tanto, utilizamos los símbolos de la siguiente manera, teniendo como ejemplos a tres variables numéricas A, B, C, donde A = 2, B = 3 y C almacena el resultado en el que:

- C = A + B (C recibe la suma de A más B, o C 3 = 2, y C = 5)
- C = A - B (C recibe la resta de A-B o C = 2-3, y C = -1)
- C = A * B (C recibe la multiplicación A * B = 2 o C 3 y C = 6)
- C = A / B (donde el divisor debe ser un número distinto de 0, ya que no hay división por 0. Este caso, el C recibe A dividido por B, o C = 3/2, y C = 0.66666666666666666666666666667).

¿Las dos últimas operaciones expuestas en la tabla no son muy comunes para el público en general, ya que no se utilizan para resolver muchos de los problemas de la vida cotidiana:

- C = A ^ B (C recibe la potencia de A ^ B, o C = 2 ^ 3 donde C = 8).
- A% B = C (C recibe el resto de la división entre A y B. En el caso asociado a A = 5 y B = 2. A / B es igual a 2, sobrando 1. C recibe el valor de 1).

Al igual que en las matemáticas comunes, podemos combinar varios operadores en una sola expresión. Por ejemplo, podemos hacer sin ningún problema C = A + B / B, o incluso añadir varias variables y constantes: C = A + B * DG, por ejemplo. Hay varias operaciones que se realizan primero, la potenciación luego la división, luego la multiplicación, y, finalmente, el resto y la suma. Si necesita realizar un cálculo antes que otro que no cumpla con esta norma, utilizamos paréntesis para determinar el orden de prioridad. Por ejemplo, si C = (A + B) * D, primero será la suma de A + B y el resultado será la multiplicación de la suma D. En otro ejemplo, C = ((A + B) * (D + E)) / 5, primero se efectuará la suma de A + B y D + E, y los resultados se multiplicarán, y luego dividirán el resultado por 5.

TRABAJAR CON VARIABLES DE TEXTO

Se habrá dado cuenta de que trabajar con las variables numéricas no tiene muchos secretos. Pero las variables de tipo texto, no trabajan igual. Estas variables son diferentes porque aceptan no sólo números, sino caracteres alfabéticos (letras), y pueden formar conjuntos de caracteres (cadenas). Por lo tanto, este tipo de variables aporta un enfoque diferente en su trabajo. En primer lugar, las declaraciones de variables de tipo texto, establecen un límite en el número de caracteres que se pueden introducir. Esto ocurre por un problema de espacio. Cuando declaramos una variable de número entero, el tipo real, o lógico, obtenido con la misma cantidad de bytes, representa cualquier número. Generalmente cualquier entero puede representarse por medio de 4 bytes, un real con 4 bytes y un valor lógico con 1 byte. Sin embargo, en los tipos de texto, la equivalencia es de 1 byte por 1 carácter (letra). Así que si no consideramos esta limitación, podríamos consumir toda la memoria de la computadora. Cuando estamos seguros del tamaño del campo de texto, por ejemplo AB son siempre dos caracteres, fijamos el tamaño del número exacto tenemos la intención de utilizar. Cuando no lo sabemos, estimamos un límite razonable y establecemos ese tamaño, por ejemplo, un campo de tipo nombre puede tener un valor entre 60 y 100. Pocos nombres superarán este límite. El límite del tamaño de los datos se coloca entre paréntesis después del tipo de texto que se declara.

Ejemplo:

AB: TEXTO (2)

NOMBRE: TEXT (60)

Una ventaja cuando se trabaja con textos, es que la mayoría de los textos utilizados en la programación se pueden insertar directamente en el WRITE de nuestro algoritmo.

Volviendo a nuestro algoritmo anterior. Imaginemos que queremos no sólo mostrar en la pantalla el resultado de la suma, sino que también vamos a escribir "la suma es", seguido por el número:

Sumar Algoritmo

COMIENZO

RESULTADO: INTEGER;

PRIMERNUMERO: INTEGER;

SEGUNDONUMERO: INTEGER;

READ PRIMERNUMERO;

SEGUNDONUMERO = 10;

RESULTADO = SEGUNDONUMERO + PRIMERNUMERO;

WRITE "La suma es" RESULTADO;

FIN

Es importante tener en cuenta que cuando usamos el texto, este debe ir entre comillas dobles. Por lo tanto, todo lo que está dentro de las comillas se considerará como texto. Dentro de estas citas puede escribir y utilizar los caracteres que queramos, incluyendo caracteres especiales y espacios en blanco. Los números también se pueden utilizar, pero estos textos no se pueden calcular. Así que si escribimos "1", no puede ser utilizado para expresiones matemáticas.

Pero, ¿Cuando un texto se convierte en un dato? Cuando este podría cambiar dentro de nuestro algoritmo. Imaginemos una necesidad diferente. Queremos mostrar el nombre de una persona y su edad en la pantalla de ordenador. Así que cada vez que nuestro algoritmo se ejecuta, el nombre de la variable y la edad se modificarán. Para capturar el nombre, vamos a declarar una variable de tipo texto como el que vimos anteriormente, vamos a asociar la variable de la misma manera que asociamos un valor en los tipos numéricos. La diferencia básica es que el tipo de datos de texto no se puede calcular con los datos de tipo numérico. Veamos un ejemplo:

ALGORITMO MostrarNombreEdad

COMIENZO

EDAD: INTEGER;

ANIONACIMIENTO: INTEGER;

NOMBRE: TEXT (60); {introducir nombres que no excedan de 60 letras}

SHOW “escriba su nombre:"; {Le mostramos un texto que pide al usuario que introduzca su nombre}

READ NOMBRE, {recibe el nombre}

SHOW "escriba su año de nacimiento:"; {pedimos que introduzca su año de nacimiento}

READ ANIONACIMIENTO; {leemos el año del nacimiento}

EDAD = 2010 - ANIONACIMIENTO; {calculamos la edad}

WRITE "Su nombre es" NOMBRE "y tiene" EDAD "años", {aquí se muestra el resultado}

FIN

Operaciones Lógicas y Procesamiento Condicional

En el ejemplo anterior creamos un algoritmo que trabaja con los resultados de datos y con la visualización en la pantalla. Sin embargo, lo que hemos visto hasta ahora son funciones muy básicas que las calculadoras de mano realizan sin ningún problema. Ahora comenzamos el estudio de las estructuras de toma de decisiones y el procesamiento condicional, que son el núcleo de la programación lógica. Para esto usted debe haber entendido bien tanto los conceptos de la lógica como la introducción a los algoritmos. Para poder crear mejores algoritmos, vamos a tomar unas cuantas reglas más para su composición y para una mejor visualización:

- Las variables y las constantes continúan siendo escritas en letras mayúsculas.
- Las palabras reservadas comienzo, fin y algoritmo (algoritmo, Comienzo y Fin) tendrán la primera letra en mayúscula, por tanto, como el nombre del algoritmo;
- Los controles internos tienen sus nombres escritos en letras minúsculas.

OPERACIONES LÓGICAS

En la lección anterior, aprendimos cómo crear expresiones matemáticas para establecer el valor de las variables y hacer cálculos sencillos. Algoritmos de ahora vamos a aprender a utilizar otras expresiones, que son las operaciones lógicas. Son los mismos principios que vimos en la Parte 2, haciendo comparaciones entre los valores, y el establecimiento de si la condición es verdadera o falsa. Primero establecemos los operadores lógicos disponibles, utilizando como ejemplo, dos variables A y B:

Operador	Valor	Expresión	Descripción
>	Más	A> B	A mayor que B
> =	Mayor o igual	A> = B	A mayor o igual a B
<	Menos	A	A menos de B
<=	Menor o igual que	A <= B	A menor o igual a B
==	Igual	A == B	A es igual a B
	Diferente	AB	A no-B
&	y	A & B	A y B
| |	Oregón	A | | B	A o B
!	NO	!A	No A (negación)

Cuando hacemos una operación lógica como por ejemplo A> B, estamos haciendo una comparación entre los valores de A y de B, y esta comparación debe ser verdadera o falsa. A partir del valor obtenido (verdadero o falso) lo que hará nuestro algoritmo es ejecutar algún comando. Si por ejemplo, A = 5 y B = 3, la expresión A> B es verdadera. Pero a diferencia de las expresiones matemáticas, usamos esta comparación no para asociarla con un dato, sino para "activar" las estructuras lógicas como vemos a continuación. Las operaciones lógicas pueden utilizar cualquier tipo de datos, ya que los datos comparados son del mismo tipo.

Como hemos visto en la lógica y en las expresiones matemáticas, las operaciones lógicas se pueden combinar con el valor lógico general establecido por los valores lógicos de cada componente que constituye la expresión. Las prioridades de funcionamiento también están determinadas por el uso de paréntesis, como en las expresiones matemáticas.

IF ... THEN ... ELSE

La estructura if ... then ... else es lo que llamamos una estructura condicional simple. Se establece una condición, y ofrece una respuesta a esta condición si es cierta o falsa. Un ejemplo común de esto es el uso de, por ejemplo, si llueve mañana me quedaré en casa y si no llueve saldré de casa. En nuestro algoritmo, la estructura condicional será diferente. Se parece a:

si condición, entonces

ejecutar si se da la condición

sino

ejecutar si la condición no se produce

fin;

Por lo tanto, nuestro algoritmo de lluvia se ve de la siguiente manera:

si llueve mañana, entonces

Me quedaré en casa

sino

Voy a salir

fin;

Lógicamente, tenemos que definir este algoritmo para estructurarlo para la comprensión de la computadora. Para ver si está lloviendo o no, vamos a crear una variable de tipo lógico que si está lloviendo, será marcado en 1 (verdadero), y si no llueve se marcará 0 (falso):

Algoritmo SalirLloviendo

Comienzo

LLUEVEMANIANA: LÓGICO;

LLUEVEMANIANA = 1;

si LLUEVEMANIANA = 1, entonces

WRITE "Me quedaré en casa";

sino

WRITE "Voy a salir";

fin;

Fin

Arriba ponemos un valor dentro de nuestro algoritmo. Esto nos será de mucha ayuda para la mayoría de nuestras necesidades. Pero nosotros proponemos un nuevo algoritmo: tenemos que recibir una calificación de un estudiante. Si esta nota es inferior a 3, el estudiante recibe lo que está en suspendido. Si la nota es mayor que 3 y menor de 6, el alumno está en recuperación. Si la puntuación es superior a 6, el estudiante está aprobado.

Algoritmo NotaAlumno

Comienzo

CALIFICACIONES: REAL;

WRITE "Escribe la nota";

READ CALIFICACIONES;

CALIFICACIONES Si <3, entonces

WRITE "suspenso";

sino

CALIFICACIONES Si> = 3 & CALIFICACIONES <6 entonces

```
WRITE "Está en recuperación";

sino

WRITE "Ha aprobado";

fin;

fin;

Fin
```

CREACIÓN DE VECTORES Y MATRICES

VECTORES (ARRAYS)

Hasta ahora hemos visto muchos ejemplos de como construir estructuras y algoritmos simples. Pero, ¿qué pasa si tenemos que registrar un colegio con 500 alumnos y sus calificaciones? Por lo que hemos aprendido hasta ahora, tendremos que crear 500 grupos de estudiante y el Calificador, que sin duda le dará una gran cantidad de variables de trabajo. En este sentido, podemos utilizar vectores para facilitar la escritura de algoritmos. Un vector es una variable que le permite agrupar los datos del mismo tipo bajo un mismo nombre.

Aprendimos que cuando creamos una variable, se crea un espacio en la memoria para almacenar los datos. Si creáramos:

NUMERO: INTEGER;

NUMERO = 5;

NUMERO= 4;

Reservamos un espacio en la memoria que llamamos NUMERO, y luego ponemos el valor de 5 en este espacio. Poco después, eliminamos el valor 5 y ponemos un valor de 4. Esto se debe a que estamos trabajando con el mismo espacio de memoria. Pero si queremos almacenar varios valores del mismo tipo, sin destruir los valores anteriores, podemos utilizar un vector que tiene el mismo nombre pero asignará espacios diferentes según el tamaño que especifica el programador. La declaración de una matriz es la siguiente:

Nombre vector: array [tamaño]: Tipo de vector;

El tamaño especifica cuántos datos del mismo tipo se pueden almacenar en el vector. Para una mejor comprensión, imaginemos que necesitamos registrarse a tres estudiantes y sus calificaciones. En lugar de declarar NOMBRE1, NOMBRE2, NOMBRE3, crearemos un vector que se llamará NOMBRE y almacenará los 3 nombres. La declaración de un vector es igual a como se declara una variable y tiene la siguiente estructura:

En nuestro caso, utilizamos:

NOMBRE: Vector[3] texto (60);

Eso quiere decir que creamos un vector llamado NOMBRE con 3 variables internas de tipo texto con un máximo de 60 caracteres. Vamos a hacer lo mismo con la variable CALIFICACIONES. Entonces, cada vez que tenemos que utilizar cada una de las tres variables, las llamaremos con la forma NOMBRE[Posición]. Vamos a construir el algoritmo para comprender mejor:

Algoritmo Estudiante

Comienzo

NOMBRE: Vector [3]: Texto (60);

CALIFICACIONES: vector [3]: real;

WRITE "Introduzca el nombre del primer estudiante y su respectiva calificación";

read NOMBRE[0];

read CALIFICACIONES [0];

write "Introduzca el nombre del segundo estudiante y su respectiva calificación";

read NOMBRE[1];

read CALIFICACIONES [1];

write "Introduzca el nombre del tercer estudiante y su respectiva calificación";

read NOMBRE[2];

read CALIFICACIONES [2];

Fin

En el algoritmo anterior, cuando le pedimos el nombre, asociamos ese nombre al espacio de NOMBRE [0], el segundo al NOMBRE [1] y así sucesivamente (recuerde que una matriz siempre comienza en la posición 0). Cada vez que tenemos que usar el primer nombre, lo llamaremos igual, NOMBRE [1]. Como ve, esto facilita la declaración de variables, pero su uso principal está orientado para trabajar con grandes cantidades de datos. Imaginemos otro problema: hay que capturar 40 números por parte del usuario y hacer la suma entre ellos. En este sentido, utilizamos las estructuras que hemos aprendido anteriormente para tener un algoritmo de reducción:

```
Algoritmo Suma

Comienzo

NUMERO: vector [40]: integer;

INDEX, SUMA: integer;

SUMA = 0;

INDEX para 0-39 hacer

write "Introduzca un número";

read NUMERO [INDICE];

fin_para;

INDEX para 0-39 hacer

SUM = SUM + NUMERO [INDICE];

fin_para;

write "La suma es" SUMA;

Fin
```

En el algoritmo anterior, creamos un vector de enteros, la variable de índice que nos permite "recorrer" por el vector, y una variable que recibirá los números de la SUMA. En el primer bucle el índice para varia de 0 a 39: esto modificará el espacio vectorial que estamos utilizando sin tener que declararlo índice a índice. Para cada valor introducido, vamos a asociarlo a un espacio vectorial y pasar al siguiente. Al salir del bucle, entramos en un segundo bucle para que se ejecute el vector SUMA entre ellos y que se acumula en SUMA de nuevo. Al salir del bucle, tenemos el resultado esperado.

El vector de datos se puede trabajar de la misma manera como trabajamos con los datos del mismo tipo vector: como cada vector de este espacio es un entero, estos pueden sumarse, restarse, multiplicarse, etc... entre sí y con variables y datos de tipo entero. Si, por ejemplo, el valor NUMERO [1] fuera 10, y el NUMERO [2] fuera 20, lo que haríamos es:

SUMA = NUMERO [1] + NUMERO [2]; {SUMA igual a 30}

SUMA = NUMERO [1] - NUMERO [2]; {SUMA -10 es igual a}

SUMA= NUMERO [2] / NUMERO [1]; {SUMA es igual a 2}

SUMA= (NUMERO [2] / 5)*NUMERO [1]; {SUMA es igual a 40}

Lógicamente, si se asocia un valor diferente a la misma posición de un vector, este valor se sustituye:

NUMERO [1] = 10;

NUMERO [1] = 20;

El valor actual de NUMERO [1] es 20.

Arrays

En el ejemplo anterior trabajamos con el concepto de los vectores unidimensionales, es decir, las variables que pueden contener un solo tipo de datos bajo un mismo nombre. Otro concepto importante asociado son los vectores multidimensionales, que son similares a los vectores, con la excepción de establecemos el número de dimensiones que tienen. Una matriz es un vector multidimensional de 2 dimensiones (filas y columnas) que puede almacenar variables del mismo tipo. Por ejemplo, cuando se declara lo siguiente:

NUMERO: vector [3]: integer;

Acaba de crear en la memoria del ordenador tres espacios con el nombre de NUMERO. A continuación podemos ver la representación visual al asignar los valores 3,2,1:

3	2	1

Procure que las matrices sean necesarias cuando tenemos que combinar los datos internos con respecto a dos variables. Si, por ejemplo, necesitamos saber el nombre de un cliente, su crédito, su débito y el saldo, tendremos una matriz con valores como la que vemos a continuación:

Nombre	Crédito	Débito	Saldo
María	5.00	-10.00	-5.00
José	10.00	5.00	5.00
Antonio	20.00	2.00	18.00

Francisca	30.00	3.75	26.25
Tomás	10.00	10.00	0.00

Vemos la relación entre dos variables en cualquier espacio de la matriz: si queremos saber el saldo de Francisca, debemos ubicarnos en la línea del Nombre Francisca y cruzarla con la columna Saldo donde poder encontrar el valor 26,25.

La sintaxis para crear una matriz tiene la siguiente forma:

nombre de la matriz: array [número de filas] [número de columnas]: tipo de datos;

Cuando el número de líneas contiene el número de filas que permite la matriz, el número de columnas contiene el número de columnas permitidas. La cantidad de posiciones de almacenamiento será igual a las filas x las columnas. Para acceder a los datos en una matriz, solamente tenemos que mencionar el nombre de la matriz, con el número de línea y la columna específica. En el caso de Francisca, para conocer su saldo tendríamos que poner:

CLIENTES [3] [2];

Las operaciones y los tratamientos realizados con matrices son de la misma clase que los realizados con los vectores. Cualquier dato de un array puede trabajar con los datos del mismo tipo de datos, y se puede ejecutar una gran variedad de estructuras de procesamiento y la repetición.

CREACIÓN DE REGISTROS Y FUNCIONES

REGISTROS O ESTRUCTURA

Hasta ahora hemos visto como declarar variables de tipos diferentes. Cuando creamos variables comunes, el ordenador colocará estas variables en cualquier espacio de memoria sin tener que preocuparse de colocarlas con un cierto orden, que puede afectar al rendimiento de su programa en muchos casos. Por ejemplo, un registro de los alumnos con NOMBRE, tenga en cuenta que para encontrar un NOMBRE y su ubicación en la memoria, la búsqueda de la calificación asociada puede llevar mucho tiempo, ya que puede estar en cualquier posición de la memoria del ordenador. Para mejorar este proceso, podemos crear estructuras de datos que almacenan en su interior variables de distintos tipos en posiciones similares. Esto se llama un registro o estructura, una característica que permite la creación de diferentes tipos de variables en el mismo bloque de memoria de la computadora y aumentando así la velocidad de acceso.

Su sintaxis es:

Nombre del registro: registro

campos que componen el registro

fin_registro;

Para acceder a cualquier parte del registro, se utiliza la sintaxis:

Nombre la Registro. Variable interna

Como ejemplo, el algoritmo creará estudiante y la calificación, con el expediente académico del estudiante que tiene las variables NOMBRE y CALIFICACION, y obtener un nombre de alumno y una calificación, y luego mostrar los datos de registro en la pantalla:

Algoritmo AlumnoCalificacion

Comienzo

ESTUDIANTE: registro

NOMBRE: Texto (60);

CALIFICACIONES: real;

fin_registro

WRITE "Introduzca el nombre del estudiante";

READ ALUMNO.NOMBRE;

WRITE "Introduzca la calificación del estudiante";

READ ALUMNO.CALIFICACIONES

WRITE "El Estudiante: " ALUMNO.NOMBRE "ha sacado la siguiente calificación:" ALUMNO.CALIFICACIONES;

Fin

Como vimos en el ejemplo anterior, para declarar el expediente del ESTUDIANTE y sus variables internas, creamos una "plantilla" de espacio de memoria consecutiva que siempre mantendrá estos dos datos juntos. Esto, además de facilitar el acceso a la información permite la creación de nuevos tipos de variables. A menudo, los tipos básicos de variables utilizadas no son suficientes para resolver un problema de un algoritmo o incluso nos llevan a un nivel de dificultad superior. Para crear un tipo de registro, sólo tiene que colocar la palabra clave antes del nombre del tipo de registro, siendo su sintaxis como vemos a continuación:

Tipo NOMBRE_del_registro: registro

{Los campos que componen el registro}

fin_registro;

Como ejemplo, imaginemos que queremos crear 500 variables de tipo ESTUDIANTE. Use el registro que facilitará nuestra creación, ya que podemos crear un registro básico llamado ESTUDIANTE, que utilizaremos como un tipo variable. Después crearemos un vector de tipo ESTUDIANTE que llame a LISTAALUMNO con un tamaño de 500 para acceder a cualquier variable interna de estos 500 estudiantes sin dificultad, usando solamente el nombre de la variable que asociamos y variable interna. Vamos a implementar un algoritmo que realiza esta función, y luego hará el promedio de las calificaciones introducidas presentándolas siempre que se insertan un nuevo nombre y calificación:

Algoritmo AlumnoCalificacion

Comienzo

```
Tipo ESTUDIANTE: registro

NOMBRE: Texto (60);

CALIFICACIONES: real;

fin_registro

LISTAALUMNOS: vector [500]: ESTUDIANTE;

CONTENIDO: integer;

para INDEX=1 hasta INDEX<=500 paso 1 haga

WRITE "Introduzca el nombre del estudiante";

READ LISTAALUMNOS. NOMBRE [INDICE];

WRITE "Leer la nota de estudiante";

READ LISTAALUMNOS. CALIFICACIONES [INDICE];

SUMA = SUMA + LISTAALUMNOS. CALIFICACIONES [INDICE];

WRITE "El promedio actual es:" SUMA / INDEX;

fin_para;

Fin
```

FUNCIONES

Cuando tenemos un pedazo de algoritmo que se repite con frecuencia o que puede ser utilizado por otros algoritmos, podemos modularizar su uso con el fin de usarla en caso necesario. En este caso, creamos una función que es un trozo de un algoritmo que escribimos separado de nuestro algoritmo normal. Su estructura es:

Función Nombre de la función (tipo de datos de entrada): tipo de retorno

Inicio

Comandos

Retorno Datos de salida;

Fin

En la primera línea, después del nombre que elegimos para la función, debemos decir los datos que la función recibirá para poder procesar con sus respectivos tipos. Si usted no recibe datos, podemos descartar su uso. Pero si tenemos el tipo de retorno, que es el tipo de datos que la función devolverá. Si tenemos la misma estructura de los algoritmos, con la única excepción del Retorno. Este comando devuelve información o variable procesado por la función, que debe ser del mismo tipo declarado en la primera línea de la función. Si no devolvemos nada, ¿Por qué no omitimos su uso?. Para entender mejor esto, vamos a crear una función llamada Suma, y la usaremos en nuestro algoritmo:

Función Suma (numero_1, numero_2: integer): integer

Comienzo

SUMA: integer;

SUMA = numero_1 + numero_2;

SUMA Retorno;

Fin

Acabamos de crear una función llamada Suma, que toma dos números enteros. SUMA creó una variable que recibirá la suma de los dos números. La suma se realiza y la variable SUMA asociada, es devuelta por la función donde se necesita. La variable de retorno SUMA es de tipo entero, como mencionamos en :integer de la primera línea.

Usted puede colocar en la entrada tantas variables que desee y los tipos que necesite separados por ; cuando existen variables con diferentes tipos. Por ejemplo, si queremos crear una función que toma NOMBRE CALIFICACIONES del estudiante, podemos usar:

Función del Estudiante (NOMBRE: integer CALIFICACIONES: real): integer;

¿Como utilizamos una función dentro de un algoritmo? Escribimos la llamada de la función después del algoritmo, usando la sintaxis:

FunctionName (enviar datos);

Podemos trabajar los resultados devueltos por una función que no se asocia a ninguna variable. También podemos crear tantas funciones como queramos usar en nuestro algoritmo. Para entender la idea, creamos un algoritmo que toma dos números introducidos por el usuario, se pasan a una función y se obtiene un retorno de esta función:

```
Algoritmo CalcularSuma

Inicio

Numero1, numero2, RESULTADO: integer

WRITE "Introduzca el primer número";

READ numero_1;

WRITE "Introduzca el segundo número";

READ numero_2;

RESULTADO = Suma (numero_1, numero_2) { función de llamada}

WRITE "La suma es:" RESULTADO;

Fin

Función Suma (NUM1, NUM2: integer): integer

Comienzo

SUMA: integer;

SUMA = NUM1 + NUM2;

SUMA Retorno;
```

Fin

Utilizamos un ejemplo muy básico para demostrar el funcionamiento de una instancia de una función. En la mayoría de los lenguajes de programación, las funciones que cree se almacenan en archivos diferentes a partir del código principal. Esto permite componer el código para que se pueda utilizar en cualquier programa que sea necesario volver a escribir el mismo código cada vez que queremos crear una nueva biblioteca para nuestros programas. Por ejemplo, si necesitamos un algoritmo para calcular la tasa de interés de un determinado valor, en lugar de tener que volver a escribir todo el algoritmo necesario para calcular, podemos escribir la función una vez, y llamamos a todos los algoritmos que necesitamos de ese código. Esto permite reducir significativamente la construcción de algoritmos, y facilita la actualización y el mantenimiento.

Paso de parámetros por valor, referencia y dirección

Cuando pasamos los valores de los parámetros de la función anterior, lo que hacemos es copiar los valores de la función. En el caso mencionado anteriormente, cuando llamamos a la función Suma del algoritmo principal, hacemos una copia de los valores de las variables numero_1 numero_2 y NUM1 y NUM2, respectivamente, para realizar la operación, además de la función. Esta impresión y las operaciones realizadas en la función, sin embargo, no modifican los valores y numero_2 numero_1. Este tipo de llamada de función que sólo copia los valores se llama Paso de Parámetros por Valor.

Algunos lenguajes, sin embargo, nos permiten realizar otros tipos pasos de parámetros. El Paso de parámetros por referencia difiere de la adoptada por valor, no tiene una copia del valor de la función, sino que pasa la dirección de memoria de la variable con la que desea trabajar dentro de nuestra función. Para poder trabajar con este tipo de pasos de parámetros usaremos dos nuevos tipos de variables: los punteros y las referencias.

Llamamos puntero a una variable que "apunta" a una dirección de memoria de otra variable. Por lo tanto, el puntero no almacena un valor en sí mismo, sino la "dirección" del valor que es deseado. Para crear una variable de tipo puntero, utilizamos todas las reglas ya aprendidas de las variables, pero vamos a utilizar * antes del nombre de la variable. Así, si escribimos, por ejemplo: *1 ya no crean un espacio de memoria llamado 1, sino un puntero llamado *1 que debe apuntar a la dirección de memoria de cualquier variable.

Sin embargo, en el enfoque de acceder a la dirección de memoria de una variable no es suficiente sólo con usar su nombre, ya que traería su valor y no su dirección. Para acceder a su dirección, tenemos que utilizar & antes el nombre de la variable. Así que si queremos acceder a la dirección de una variable denominada RESULTADO, usaremos &RESULTADO.

Ahora podemos escribir el código de Suma usando estos nuevos conocimientos:

Algoritmo CalcularSuma

Comienzo

Numero1, numero2, RESULTADO: integer

WRITE "Introduzca el primer número";

READ numero_1;

WRITE "Introduzca el segundo número";

READ numero_2;

RESULTADO = Suma (&numero_1, &numero_2) {llamada a la función. Paso de dirección de las variables}

WRITE "La suma es:" RESULTADO;

Fin

Función Suma (*NUM1, *NUM2: integer): integer {ahora tenemos dos punteros que tienen acceso a las variables del código de main}

Comienzo

SUMA: integer;

SUMA = *NUM1 + *NUM2;

SUMA Retorno;

Fin

En este nuevo código, *NUM1 y +NUM2 tienen las direcciones &numero1 y &numero2, para acceder a estas variables para realizar operaciones dentro de la suma. Sin embargo, si cambiamos los valores que están en el contenido *NUM1 y *NUM2 también modifican los valores de numero1 y numero2.

La recursividad

La recursividad en la lógica de programación es la capacidad de una determinada parte de código para llamarse a sí mismo. Esto se hace porque muchos problemas complejos pueden ser resueltos mediante el uso de la misma tarea repetida varias veces con el fin de disminuir la complejidad involucrada.

En general, la recursividad se implementa mediante una función que se llama a sí misma, pasando los nuevos parámetros según su conveniencia. Llamamos a la función de la primera vez en cualquier parte de nuestro código principal de la primera vez y después de esa primera llamada, la recursividad se inicia. Para implementar la recursividad debemos tener cuidado, ya que debemos introducir una condición de parada, es decir, cuando la recursión debe dejar de ser ejecutada. Si no se establece una condición de parada, la recursividad se realiza de forma infinita.

Por ejemplo, vamos a crear una función que se llama a sí misma, llamado Factorial:

```
Función Factorial (NUMERO: integer): integer

Comienzo

 Si NUMERO <= 0 entonces {Condición Parar}

   Retorno Uno;

 Pero

   Retorno * Factorial NUMERO (NUMERO-1);
```

```
 Fin;

Fin
```

Ahora haremos nuestro código principal que llamará a la primera función anterior pasando un valor inicial como parámetro:

```
Algoritmo HacerRecursion

Inicio

  NUMERO: toda

  WRITE "Entre el número de factor de:";

  READ NUMERO;

  WRITE Factorial (NUMERO);

Fin
```

Para crear el código de nuestro programa, se le pedirá al usuario que introduzca un número, que se pasará como parámetro a la función que se ejecuta la primera vez. Imagínese que el usuario introduzca 5. La Función factorial llamará y pasará el valor de 5. Como 5 no es menor que o igual a 0, la función devolverá a donde se llevará a cabo la siguiente operación 5*factorial(4). En este caso, la función es llamada de nuevo, pero ahora pasa un valor de 4.

Como 4 es mayor que 0, la función que devolverá tendrá la siguiente forma 5*4*factorial(3) (5 del último procesamiento, el 4 actual y la nueva llamada a la función con la cantidad de procesamiento 3). Esto se realiza de forma consecutiva para formar 5*4*3*2*factorial(1). En este paso, cuando se invoca la función y se pasa el valor 1, la función que realiza la primera parte del SI, devuelve el valor 1. En este caso, la es forma 5*4*3*2*1.

Para devolver el valor 1, la llamada se rehace en orden inverso: 1 multiplica 2, el resultado se multiplica por 3, el resultado se multiplica por 4 y el resultado se multiplica por 5. El resultado final (120) es devuelto por la última función con la que el algoritmo original llamó a la función. Después, en WRITE Factorial (NUMERO); aparece en la pantalla el valor 120.

Tipos de recursividad

Hay dos tipos de recursión:

Recursividad directa: el fragmento de código se llama a sí mismo.

Repetición indirecta: El fragmento de código llama a un fragmento de código B, que a su vez llama al fragmento A.

CLASIFICACIÓN DE LOS ALGORITMOS

Hasta ahora hemos visto la mayor parte de todas las estructuras esenciales y algoritmos para la programación. Continuando con su aprendizaje en los lenguajes de programación que usted haya elegido, esto mejorará los paradigmas del lenguaje y otras acciones que no son parte de la lógica de la programación común, pero es útil para diversas necesidades como el acceso a bases de datos, por ejemplo. Pero usemos todo este conocimiento usando las estructuras básicas aprendidas. Continuando con nuestros estudios, vamos a saber ahora lo que llamaremos estructuras de datos.

Hasta ahora hemos visto como estructurar y organizar los algoritmos, pero las dudas siempre aparecen a la hora de desarrollar: ¿Cuándo utilizaremos un algoritmo para una cosa y no a la inversa? ¿Como organizar un algoritmo con el fin de tener un mejor rendimiento que otro algoritmo? Veremos que al escribir un algoritmo: hay que ser conscientes de como optimizarlo con el fin de hacerlo más sencillo, eficiente y elegante.

La primera cosa que tenemos que entender para mejorar un algoritmo es como los datos de entrada van a estar organizados: imaginemos que tenemos que encontrar un libro en una biblioteca. Si se organizan los libros, ¿será mucho más fácil encontrar este libro en una biblioteca sin fin?, no ¿verdad?. Del mismo modo, tenemos la capacidad de trabajar con conjuntos (estructuras) de datos de tal manera que se minimice el procesamiento de nuestros algoritmos.

Si usamos un tipo de estructura de datos conocida como vectorial. Un vector es un conjunto de datos del mismo tipo están bajo un nombre y son manejados por un índice.

Cuando declaramos un array, estamos declarando un conjunto de espacios consecutivos en la memoria con el mismo nombre, y movemos estos espacios mediante un índice. Ahora veremos algunas técnicas que nos permiten organizar los vectores y las matrices, con el fin de reducir posteriormente el tiempo de procesamiento para la búsqueda, inserción y eliminación de elementos.

ORDENACIÓN

Ordenar o clasificar es poner los elementos de un conjunto de información en un orden predefinido que sea relevante para el procesamiento de un algoritmo. Por ejemplo, si queremos organizar los libros en orden alfabético, o bien ordenar los libros en pares o impares, en números en orden descendente, etc, cuando pedimos los elementos deseados. Cuando se implementa un algoritmo de clasificación, tenemos a nuestra disposición varios modelos que satisfacen las necesidades específicas. Con un poco de trabajo, el estudiante puede ver y estudiar estos algoritmos en

http://en.wikibooks.org/wiki/Algorithm_implementation/Sorting

El principio de reconocer que método de clasificación se debe utilizar en un caso concreto es saber sobre qué tipos de datos vamos a estar operando, y cual es su complejidad computacional, es decir, que algoritmo tiene un rendimiento medio mejor o peor para trabajar con estos datos.

A continuación vamos a ver tres algoritmos básicos: ordenación por Selección, ordenación de Burbuja y ordenación por Inserción. Usaremos como base que todas tienen la misma necesidad: tenemos una serie de 50 números enteros, debemos ordenar en orden ascendente. Usted encontrará que en muchos casos, se utilizan algoritmos más complejos que otros para realizar la misma función. Pero no se deje engañar por la cantidad de código: a veces, que permite una reducción en el coste de procesamiento de un algoritmo.

Ordenar por Selección

La ordenación por selección es un modelo de algoritmo que trabaja con un conjunto de datos, seleccionando el valor más alto o el más bajo (dependiendo del orden) y pasando al primer elemento del conjunto. Entonces, este hace con esto con el segundo valor mayor o menor pasando hacia la segunda posición, y así en adelante, hasta los dos últimos.

NUMEROS: vector [50]: integer;

I, J, MINIMO, TEMPORAL: integer;

para I = 1 hasta I <50 pasando 1 hacer

MINIMO = I;

para I = J+1 hasta J <50 pasando 1 hacer

si NUMEROS[J]< NUMEROS[MINIMO] entonces

MINIMO = J;

VECTOR TEMPORAL = [MÍNIMO];

NUMEROS [MÍNIMO] = VECTOR [I];

NUMEROS [I] = Temporal;

fin;

fin_para;

fin_para;

Ordenar por Burbuja

El ordenamiento de burbuja es un algoritmo de ordenación cuya idea principal es comparar dos elementos y cambiarlos de posición hasta que los elementos de mayor o menor valor llegan al final del conjunto de datos. Como el intercambio se lleva a cabo de par a par, de los elementos más grandes o más pequeños, entonces, este algoritmo requiere una condición de parada que determina cuando el algoritmo se deberá detener, por lo general una variable que almacena si hubo o no hubo un intercambio en cada iteración del bucle de ordenación.

INTERCAMBIO: lógica, I,

AUXILIAR: integer;

```
NUMEROS: vector [50]: integer;

INTERCAMBIO = 1;

mientras INTERCAMBIO == 1 hacer

INTERCAMBIO = 0;

para I de 1 hasta 50 hacer

si VECTOR [I]> NUMEROS [I 1] entonces

NUMEROS AUXILIARES = [I];

NUMEROS [i] NUMEROS = [I+1];

NUMEROS [I +1] = auxiliar;

INTERCAMBIO = 1;

fin;

fin_para;

fin_mientras;
```

Ordenar por Inserción

El método de ordenación por inserción es un algoritmo de ordenación cuyo objetivo es recorrer una colección de valores de izquierda a derecha, ordenando los elementos procesados a la izquierda.

```
NUMEROS: vector [50]: integer;

I, J, VALOR: integer;

para j = 2 hasta 50 pasando 1 hacer

VALUE = NUMEROS [J];

I = J-1;

mientras I> 0 & A [ I ] > VALOR hacer

NUMEROS [I + 1] NUMEROS = [I];

I = -1

NUMEROS [I 1] = valor;

fin_mientras;

fin_para;
```

Algoritmos de Búsqueda

En el capítulo anterior, vimos algunos algoritmos que tienen como objetivo facilitar la organización de los datos con el fin de facilitar las operaciones sobre estos datos. Trabajamos con los vectores, ahora será capaz de aplicar con éxito estos algoritmos a cualquier colección de datos que están disponibles en los lenguajes de programación: arrays, listas, objetos, entre otros. En este capítulo seguimos los dos métodos de búsqueda más comunes, es decir, como se encuentra un cierto valor en una recopilación de datos. Hay muchos otros, y más eficiente para otras necesidades específicas, se puede ver en

http://en.wikipedia.org/wiki/Category:Search_algorithms

Búsqueda Lineal

En una búsqueda lineal analizamos los elementos de una colección de uno en uno hasta que encuentre el valor deseado. En este tipo de algoritmo, lo mejor que podemos esperar es que el valor se encuentre en la primera posición, pero si tenemos una colección de datos muy amplia, si el valor se encuentra en la última posición, tendrá un coste de procesamiento muy grande, siendo necesarios n procesamientos, donde n es el número de elementos de la colección. Supongamos que tenemos un vector de 50 posiciones y queremos encontrar un valor introducido por el usuario, su algoritmo se puede escribir:

```
NUMEROS: vector [50]: integer;

I, NUMEROBUSCADO: integer;

WRITE "Introduzca un número";

READ NUMEROBUSCADO;

Para I = 0 hasta I = 50 pasando 1 hacer

si NUMEROBUSCADO== NUMEROS [ I ] entonces

WRITE " Fueron encontrados" NUMEROS [ I ] "en la posición:" I;

I = 51; {obliga la detención del bucle para}

fin;

fin_para;
```

Vemos en este caso que el algoritmo tiene un conjunto de números, y buscamos un número, el mejor resultado esperado en este proceso será el número de la primera posición. Esto hará que el contenido del bucle sólo se recorra una vez. Para cada posición más que el número, el bucle se recorre n veces. Si esta en la última posición, el bucle se recorrería 50 veces. Esto demuestra la importancia de analizar siempre un conjunto de datos e identificar los mejores algoritmos de ordenación y de búsqueda: si asociamos un tiempo en el bucle para como un retardo de 1 segundo, en el peor de los casos se tardará más de 50 segundos. Si no le parece mucho tiempo, imagine esto en un vector con 50.000 valores diferentes. En este sentido, se puede entender el retraso en la ejecución de algunas aplicaciones, especialmente aquellas que utilizan bases de datos.

Podemos realizar una búsqueda como esta usando el comando MIENTRAS, por ejemplo. Lo que importa en la construcción de un algoritmo es su concepto: una forma de aplicación puede variar de acuerdo a la voluntad de los desarrolladores.

BÚSQUEDA BINARIA

La búsqueda binaria se basa en la idea de que la recogida de datos en la que se realizará la búsqueda está ordenada, por lo que siempre se recomienda utilizar algún algoritmo de ordenación si la colección no está ordenada de forma predeterminada. Esta divide la colección en dos partes, tomando el valor medio como una clave, que se compara con el valor introducido. Si no se encuentra el valor, comprueba si el valor introducido es mayor o menor que el valor buscado. Si es menor, la división busca en la primera mitad de la colección, sino en la posterior, dividiendo hasta alcanzar el valor esperado.

```
NUMEROS: vector [50]: integer;

I, NUMEROBUSCADO, MINIMO, MAXIMO, MEDIO: integer;

WRITE "Introduzca un número";

READ NUMEROPROCURADO;

MINIMO = 1;

MÁXIMO = 50;

repetir
```

MEDIO = (MAXIMO+MINIMO) / 2;

si NUMEROBUSCADO> NUMEROS [MEDIO] entonces

MINIMO = MEDIO + 1;

sino

MAXIMO = MEDIO - 1;

Para (NUMEROBUSCADO == NUMEROS [MEDIO]) | | (MINIMO> MAXIMO);

fin_repetir;

Si NUMEROBUSCADO == NUMEROS [MEDIO] entonces

WRITE “Fueron encontrados” NUMEROS [I] "en la posición:" I;

sino

WRITE "No se ha encontrado el valor introducido en el vector";

fin;

Programación Lógica: Conclusión

Los conceptos aprendidos en los capítulos anteriores sobre la programación lógica puede parecer limitada, pero es esencial para entender cómo programar cualquier lenguaje de programación. Sin embargo, sabemos que todos los conocimientos son necesarios para ser un buen desarrollador: Hay un sinfín de posibilidades que se pueden realizar a través de los lenguajes de programación, tales como el acceso a la base de datos, interfaz gráfica de usuario, entre otros, que vimos en este libro, que no forma parte de la lógica de programación básica. Pero no nos engañemos: todos estos conceptos los aprenderá, cuando comience con la programación lógica a medida que vaya desarrollando, en los lenguajes estructurados, las cosas pueden ser más complejas.

Con el aprendizaje en la lógica de programación, consigues la diferencia que distinguirte entre un verdadero desarrollador y los desarrolladores "Google": de los que sólo saben copiar el código de otras personas en Internet, pero no entienden cómo funciona el código. A día de hoy, en las organizaciones es muy importante: puede que no sepa el lenguaje utilizado por una empresa, pero si usted ya tiene las herramientas teóricas para resolver los problemas, comprenderá un lenguaje de programación mucho más rápido que una persona que no tenga estos conocimientos. Esto es debido a que un lenguaje de programación es una herramienta, no un fin. "Los expertos algún lenguaje de programación" pueden saber programar en un lenguaje, pero muchos sen pierden cuando se enfrentan un problema diferente de su día a día y se encuentran con que tienen sus conocimientos limitados a un lenguaje de programación.

Ahora usted tiene que decidir las formas de continuar mejorando: un desarrollador tiene varias opciones en la forma de proceder en su aprendizaje, y siempre debe de ir acompañado de sitios web, libros, foros, documentación y otros medios de aprendizaje, pero más allá de todo esto, lo que debe tener es un espíritu curioso: ningún desarrollador sabe todo sobre de un lenguaje de programación, pero usted debe saber lo que "quiere hacer". En este sentido, debe saber explorar y combinar las distintas opciones, y no tenga miedo de usar Google, pero no caiga en la trampa de simplemente copiar la creación de otra persona sin entenderla.

A continuación se presentan algunas opciones de caminos a seguir en el desarrollo:

- Desarrollo *Desktop*: el *software* de *escritorio (desktop)* es el nombre que damos a l *software* que se ejecuta en la máquina del usuario (es decir, la computadora de escritorio), a diferencia del software web que se ejecuta en un servidor central. Para trabajar en este segmento, se recomienda una mejora en la programación lógica centrada en programación orientada a objetos, que es un paradigma que tiene como objetivo mejorar, facilitar y reducir el código de producción. Por otra parte, para la mayoría de las aplicaciones actuales, el conocer los conceptos de bases de datos y de cómo conectar la aplicación a una base de datos es esencial. La recomendación para aquellos que quieran seguir este camino son los lenguajes: Java, C, Visual Basic y Delphi.
- Desarrollo *Mobile*: son las aplicaciones que se ejecutan en los dispositivos móviles tales como teléfonos móviles, *smartphones, tabletas* y similares. En general, estas aplicaciones requieren un conocimiento

profundo del desarrollo de la arquitectura que tiene un dispositivo móvil ya que tiene menor capacidad de memoria y de procesamiento de una computadora ordinaria. Además, los elementos tales como la facilidad de uso son importantes porque un dispositivo móvil es más pequeño y no tiene accesorios para su manipulación como son los *ratones* y periféricos similares. Los lenguajes recomendados para estudiar son el AndroidSDK, Java ME, Python y Objective-C.

- Desarrollo *web*: el desarrollo web implica tanto a las aplicaciones internas de una organización (como una intranet corporativa) como a las aplicaciones para Internet. En este caso, además de los conocimientos mencionados en el desarrollo de escritorio, se recomienda estudiar redes de computadoras, con especial énfasis en los protocolos y en el modelo cliente-servidor, y el estudio de los lenguajes de marcado ya que los diferentes lenguajes de programación no especifican como representarlo gráficamente, pero tienen la necesidad de presentar la información que procesan. En estos casos, se requiere un aprendizaje de HTML y CSS. Los lenguajes de programación recomendados son PHP, Javascript y ASP.Net.

- Desarrollo *scripts*: este segmento es similar al segmento de escritorio, pero el énfasis no está en las aplicaciones visuales, sino en los scripts de creación para automatizar diversas necesidades del día a día. Los códigos Scripts pueden ser llamados por un software común o se pueden ejecutar de forma independiente para simplificar muchas de las necesidades que con un software estándar se realizaría a un coste mucho mayor. Las recomendaciones son las mismas que las usadas en el escritorio y en el desarrollo web, dependiendo del escenario en el que desee ejecutar las secuencias de comandos y lenguajes de programación recomendable son Python, Lua, y Ruby, o lenguajes de script de shell para Unix/Linux y archivos por lotes de DOS/Windows, que son herramientas para automatizar muchas de las funciones de estos sistemas operativos sin necesidad de utilizar lenguaje de programación externo.

Además, con el conocimiento Ingeniería del Software le permitirá no sólo planificar su software, sino poder establecer un conjunto de técnicas para diseñar, construir y probar sus programas con el fin de reducir el tiempo de desarrollo y tener una buena calidad en el producto final. Hoy, con la aplicación de software en las áreas críticas de la vida humana, esta calidad no sólo es deseable, sino necesaria.

ORIENTACIÓN A OBJETOS. UML

El principal problema del desarrollo de nuevos sistemas utilizando la orientación a objetos en las fases de análisis de requisitos, análisis y diseño de sistemas es que no hay una notación estandarizada y realmente eficaz que cubra cualquier tipo de aplicación que se desee. Cada simbología existente tiene sus propios conceptos, gráficos y terminología, lo que resulta en una gran confusión, especialmente para aquellos que quieren utilizar la orientación a objetos no sólo sabiendo a que lado apunta la flecha de una relación, sino sabiendo crear modelos de calidad que les ayuden a construir y mantener sistemas cada vez más eficaces.

Cuando el "Unified Modeling Language" (UML) fue lanzado, muchos desarrolladores en el área de la orientación a objetos estaban emocionados ya que la normalización propuesta por el UML era el tipo de fuerza que siempre esperaron.

El UML es mucho más que la estandarización de una notación. Es también el desarrollo de nuevos conceptos que no se utilizaban anteriormente. Por esta y muchas otras razones, una buena comprensión de UML no es sólo aprender los símbolos y su significado, sino que también significa aprender a modelar orientado a objetos como una forma de arte.

UML fue desarrollado por Grady Booch, James Rumbaugh e Ivar Jacobson, que son conocidos como "los tres amigos". Todos tienen un amplio conocimiento en el área de modelado orientado a objetos ya que las tres metodologías de modelado más prestigiosas orientadas a objetos fueron desarrolladas por ellos y el UML es la unión de lo mejor de estas tres metodologías añadiendo nuevos conceptos y visiones del lenguaje. Vamos a ver las características de cada una de estas metodologías a lo largo de este libro.

Veremos cómo el UML aborda el carácter estático y dinámico del sistema a ser analizado teniendo en cuenta, ya durante el modelado, todas las características futuras del sistema en relación con el uso de "paquetes" propios del lenguaje a ser utilizado, el uso de bases de datos, así como varias especificaciones del sistema que se desarrollarán de acuerdo con las métricas del sistema final.

En este libro no se definirá el significado de clases, objetos, relaciones, flujos, mensajes y otras entidades comunes de la orientación a objetos, sino que trataremos como se crean, simbolizan y organizan estas entidades y como se utilizan en un desarrollo utilizando UML.

DESARROLLO DE SOFTWARE ORIENTADO A OBJETOS

Los conceptos de orientación a objetos se han discutido desde hace mucho tiempo, desde el lanzamiento del primer lenguaje orientado a objetos, SIMULA. Varios "padres" de la ingeniería del software mundial como Peter Coad, Edward Yourdon y Roger Pressman abordaron ampliamente el análisis orientado a objetos como realmente un gran avance en el desarrollo de sistemas. Pero aún así, citan que no hay (o no existen en el momento de sus publicaciones) un lenguaje que permita el desarrollo de cualquier software utilizando el análisis orientado a objetos.

Los conceptos que Coad, Yourdon, Pressman y muchos otros trataron, discutieron y definieron en sus publicaciones fueron:

• La orientación a objetos es una tecnología para la producción de modelos que especifican el dominio del problema de un sistema.

• Cuando esté construido adecuadamente, los sistemas orientados a objetos son flexibles al cambio, tienen estructuras bien conocidas y proporcionan la oportunidad de crear e implementar componentes totalmente reutilizables.

• Los modelos orientados a objetos se aplican convenientemente usando un lenguaje de de programación orientado a objetos. La ingeniería de software orientado a objetos es mucho más que el uso de mecanismos de su lenguaje de programación, es capaz de utilizar de la mejor manera posible todas las técnicas de modelado orientado a objetos.

- La orientación a objetos no es sólo teoría, sino una tecnología probada para la eficiencia y la calidad que se utiliza en numerosos proyectos y para la construcción de diferentes tipos de sistemas.

La orientación a objetos requiere un método que integre el proceso de desarrollo y el lenguaje de modelado con la construcción de técnicas y herramientas adecuadas.

UML - LA UNIFICACIÓN DE LOS MÉTODOS PARA LA CREACIÓN DE UN NUEVO ESTÁNDAR

El UML es un intento de estandarizar el modelado orientado a objetos de manera que cualquier sistema, sea cual sea, se pueda modelar correctamente, con consistencia, fácil para comunicarse con otras aplicaciones, fácil de actualizar y comprensible.

Hay varios métodos de modelado orientado a objetos que hasta el advenimiento de UML causaron una guerra entre la comunidad de desarrolladores orientados a objetos. El UML terminó esta guerra al traer las mejores ideas de cada uno de estos métodos, y mostrando cómo debería ser la migración de cada uno para UML.

Vamos a hablar de algunas de las principales metodologías que se hicieron populares en los años 90:

• Booch - El método de Grady Booch para el desarrollo orientado a objetos está disponible en muchas versiones. Booch define la noción de que un sistema se analiza a partir de un número de puntos de vista, donde cada vista se describe mediante una serie de modelos y diagramas. El Método de Booch trajo una simbología compleja para ser dibujada a mano, también contenía el proceso por el cual los sistemas se analizan para macro y micro vistas.

• OMT - Técnica de Modelado de Objetos (Object Modelling Technique) es un método desarrollado por GE (General Electric), donde James Rumbaugh trabajaba. El método está especialmente dirigido para la prueba de modelos, basado en las especificaciones del análisis de requisitos del sistema. El modelo total del sistema basado en el método OMT está compuesto por la unión de los modelos de objetos, funcional y de casos de uso.

• OOSE / Objectory – Los métodos Objectory y OOSE se desarrollaron basándose en el mismo punto de vista creado por Ivar Jacobson. El método OOSE es la visión de Jacobson de un método orientado a objetos, ya que el Objectory se utiliza para la construcción de sistemas tan diversos como puedan ser. Ambos métodos se basan en la utilización de casos de uso, que definen los requisitos iniciales del sistema, vistos por un actor externo. El método Objectory también fue adaptado para la ingeniería de negocios, donde se utiliza para modelar y mejorar los procesos involucrados en el funcionamiento de las empresas.

Cada uno de estos métodos tiene su propia notación (sus propios símbolos para representar los modelos orientados a objetos), procesos (que actividades se desarrollan en las diferentes partes del desarrollo) y herramientas (herramientas CASE que soportan cada una de estas notaciones y procesos).

Dada esta diversidad de conceptos, "los tres amigos", Grady Booch, James Rumbaugh e Ivar Jacobson decidieron crear un lenguaje de modelado unificado. Ellos han proporcionado innumerables borradores de UML a la comunidad de desarrolladores y la respuesta proporcionó muchas ideas nuevas que mejoraron aún más el lenguaje.

Los objetivos de UML son:

• El modelado de sistemas (no sólo de software) utilizando los conceptos de orientación a objetos;

• Establecer una unión haciendo que métodos conceptuales sean también ejecutables;

• Crear un lenguaje de modelado utilizable por el hombre y la máquina.

El UML está destinado a ser dominante, el lenguaje de modelado común para ser utilizado en la industria. Se basa totalmente en conceptos y estándares ampliamente probados procedentes de las metodologías existentes y también está muy bien documentado con toda la especificación de la semántica del lenguaje representado en meta-modelos.

USO DE UML

El UML se utiliza en el desarrollo de varios tipos de sistemas. Siempre cubre cualquier característica de un sistema en uno de sus diagramas y también se aplica en diferentes etapas de desarrollo de un sistema, desde la especificación del análisis de requisitos hasta su finalización con la fase de prueba.

El objetivo de UML es describir cualquier tipo de sistema en términos de diagramas orientados a objetos. Por supuesto, el uso más común es para crear modelos de sistemas de software, pero UML también se utiliza para representar sistemas mecánicos sin ningún software. Estos son algunos tipos diferentes de sistemas con sus características comunes:

- Sistemas de Información: Almacenar, navegar, editar y mostrar la información a los usuarios. Mantener grandes cantidades de datos con relaciones complejas, que se almacenan en bases de datos relacionales u orientados a objetos.
- Sistemas Técnicos: Mantener y controlar los equipos técnicos como las telecomunicaciones, equipo militar o procesos industriales. Deben tener interfaces de equipos especiales y menos software de programación que los sistemas de

información. Los sistemas técnicos suelen ser sistemas en tiempo real.

- Sistemas Real-Time Integrados: Ejecutados en simples piezas de hardware integradas en teléfonos móviles, coches, alarmas, etc. Estos sistemas implementan programación de bajo nivel y necesitan apoyo en tiempo real.

- Sistemas Distribuidos: Distribuidos en máquinas en las que los datos se transfieren fácilmente de una máquina a otra. Requieren mecanismos de comunicación sincronizados para garantizar la integridad de los datos y por lo general se construyen en mecanismos de objetos como CORBA, COM / DCOM o Java Beans / RMI.

- Sistemas de Software: Definen una infraestructura técnica que otros softwares usan. Sistemas operacionales, bases de datos y acciones de usuarios que realizan acciones de bajo nivel en el hardware, mientras proporcionan interfaces genéricas de uso de otros softwares.

- Sistemas de Negocios: Describen los objetivos, las especificaciones (personas, equipos, etc.), las normas (leyes, estrategias de negocios, etc.) y el trabajo real realizado en los procesos del negocio.

Es importante darse cuenta que la mayoría de los sistemas no tienen una sola de las características enumeradas anteriormente, sino varias de ellas simultáneamente. Los sistemas de información de hoy en día, por ejemplo, pueden tener características tanto real time como distribuidas. El UML soporta modelados de todos estos tipos de sistemas.

ETAPAS DEL DESARROLLO DE UN SISTEMA EN UML

Hay cinco etapas en el desarrollo de sistemas de software: análisis de requisitos, análisis, diseño (proyecto), programación y pruebas. Estas cinco etapas no deben ser ejecutadas en el orden descrito anteriormente, sino de forma que problemas detectados en una cierta fase modifiquen o mejoren las fases desarrolladas anteriormente de forma que el resultado global genere un producto de alta calidad y rendimiento. A continuación hablaremos de cada fase del desarrollo de un sistema en UML.

Análisis de Requisitos

Esta fase captura las intenciones y necesidades de los usuarios del sistema que se desarrollará a través de la utilización de funciones llamadas "casos de uso". A través del desarrollo de "casos de uso", las entidades externas al sistema (en UML denominadas "actores externos") que interactúan y tienen interés en el sistema modelan las funciones que ellos requieren, estas funciones se llaman "casos de uso". Los actores externos y los "casos de uso" se modelan con las relaciones que tienen comunicación asociativa entre ellos y son desmembrados en jerarquía. Cada "caso de uso" modelado se describe a través de un texto, y este especifica los requisitos del actor externo que utilizará el "caso de uso". El diagrama de "casos de uso" muestra lo que los actores externos, es decir, los usuarios del sistema futuro deberán esperar de la aplicación, conociendo toda su funcionalidad, independientemente de cómo se vaya a implementar. El análisis de los requisitos también se puede desarrollar sobre la base de los procesos de negocio, y no sólo para sistemas de software.

Análisis

La fase de análisis tiene que ver con las primeras abstracciones (clases y objetos) y mecanismos que estarán presentes en el dominio del problema. Las clases se modelan y se vinculan a través de relaciones con otras clases, y se describen en el diagrama de clases. Las colaboraciones entre clases también se muestran en este diagrama para desarrollar los "casos de uso" modelados previamente, estas colaboraciones se crean a través de modelos dinámicos en UML. En el análisis, sólo serán modeladas las clases que son del dominio del problema principal del software, es decir, las clases técnicas que gestionan la interfaz, base de datos, comunicación, competencia, etc. Las otras no estarán presentes en este diagrama.

Diseño

En la fase de diseño, el resultado del análisis se expande a las soluciones técnicas. Se añadirán nuevas clases para proporcionar una infraestructura técnica: la interfaz de usuario y los dispositivos periféricos, gestión de base de datos, la comunicación con otros sistemas, entre otras. Las clases del dominio del problema modelado en la fase de análisis se combinan en esta nueva infraestructura técnica que permite cambiar tanto el dominio del problema como de la infraestructura. Los resultados se detallan en las especificaciones de diseño para la fase de programación del sistema.

Programación

En la fase de programación, las clases del diseño se convierten en código del lenguaje orientado a objetos elegido (es altamente no recomendable el uso de lenguajes de procedimientos). Dependiendo de las capacidades del lenguaje utilizado, esta conversión puede ser una tarea fácil o difícil. En el momento de la creación de modelos para el análisis y diseño en UML, lo mejor es evitar traducirlos mentalmente a código. En las etapas anteriores, los modelos creados son el significado de la comprensión de la estructura del sistema, entonces, en el momento de la generación de código donde el analista concluye anticipadamente sobre los cambios en su contenido, sus modelos ya no muestran el perfil real del sistema. La programación es una fase separada y distinta, donde los modelos creados se convierten en código.

Pruebas

Un sistema normalmente es rodado en pruebas unitarias, de integración y aceptación. Las pruebas unitarias son para las clases individuales o grupos de clases y por lo general se realizan por el programador. Las pruebas de integración se aplican mediante las clases y componentes integrados para confirmar si las clases están cooperando entre sí como se especifica en los modelos. Las pruebas de aceptación observan el sistema como una "caja negra" y comprueban si el sistema está funcionando como se especificó en los primeros diagramas de "casos de uso".

El sistema será probado por el usuario final y verificará que los resultados que se muestran están realmente de acuerdo con las intenciones del usuario final.

LA NOTACIÓN DE UNIFIED MODELING LANGUAGE - UML

Tener en cuenta las cinco fases de desarrollo de software, las fases de análisis de requisitos, análisis y diseño se utilizan en el desarrollo de cinco tipos de vistas, nueve tipos de diagramas y varios modelos de elementos que se utilizan en la creación de los diagramas y mecanismos generales que todos en conjunto especifican y ejemplifican la definición del sistema, tanto en la definición con respecto a la funcionalidad estática como dinámica del desarrollo de un sistema.

Antes de discutir cada uno de estos componentes por separado, definiremos las partes que componen el UML:

- Vistas: Las vistas muestran diferentes aspectos del sistema que está siendo modelado. La vista no es un gráfico, sino una abstracción que consiste en una serie de diagramas. Definiendo un número de vistas, cada una mostrará aspectos particulares del sistema, dando enfoque a ángulos y niveles diferentes de abstracción y una imagen completa del sistema podrá ser construida. Las vistas también pueden servir como un vínculo entre el lenguaje de modelado y el método/proceso de desarrollo elegido.

- Modelos de Elementos: Los conceptos utilizados en los diagramas son modelos de elementos que representan definiciones comunes de la orientación a objetos como clases, objetos, mensajes, incluyendo las relaciones entre las asociaciones, dependencias y herencias.

- Mecanismos Generales: Los mecanismos generales proporcionan comentarios adicionales, información o semántica de los elementos que componen los modelos; también aportan mecanismos de extensión para adaptar o extender el UML para método/proceso, organización o usuario específico.

- Diagramas: Los diagramas son gráficos que describen el contenido de una vista. UML tiene nueve tipos de diagramas que se utilizan en combinación para proporcionar todas las vistas del sistema.

VISTAS

El desarrollo de un sistema complejo no es una tarea fácil. Lo ideal seria que todo el sistema pudiera ser descrito en un solo gráfico y que este representase por completo las intenciones reales del sistema sin ambigüedades, siendo fácilmente interpretable. Por desgracia, esto es imposible. Un solo gráfico es incapaz de capturar toda la información necesaria para describir un sistema.

Un sistema consta de varios aspectos: funcional (es decir, su estructura estática y sus interacciones dinámicas), no funcional (requisitos de tiempo, fiabilidad, desarrollo, etc.) y aspectos organizativos (organización del trabajo, modelado de los módulos de código, etc.). Así que el sistema se describe en un determinado número de vistas, cada una representando una proyección de la descripción completa y mostrando aspectos particulares del sistema.

Cada vista se describe por una serie de diagramas que contienen información que dan énfasis a los aspectos particulares del sistema. Existe en algunos casos un cierto solapamiento entre los diagramas lo que significa que uno puede participar en más de una vista. Los diagramas que componen las vistas contienen los modelos de elementos del sistema. Las vistas que componen un sistema son:

• Vista de casos de uso: describe la funcionalidad del sistema realizada por los actores externos del sistema (usuarios). La vista casos de uso es fundamental, ya que su contenido es la base del desarrollo de las otras vistas del sistema. Esta vista es montada sobre los diagramas de casos de uso y eventualmente diagramas de actividad.

• Vista lógica: describe cómo se implementará la funcionalidad del sistema. Es hecha principalmente por los analistas y desarrolladores. En contraste con la vista de casos de uso, la vista lógica observa y estudia el sistema internamente. Ella describe y especifica la estructura estática del sistema (clases, objetos y relaciones) y colaboraciones dinámicas cuando los objetos envían mensajes entre sí para llevar a cabo las funciones del sistema. Propiedades tales como la persistencia y la competencia se definen en esta etapa, así como las interfaces y estructuras de clase. La estructura estática es descrita por los diagramas de clases y objetos. El modelado dinámico es descrito por los diagramas de estado, secuencia, colaboración y actividad.

• Vista de componentes: se trata de una descripción de la implementación de los módulos y sus dependencias. Se lleva a cabo principalmente por los desarrolladores, y consiste en los componentes de los diagramas.

• Vista general de la competencia: trata la división del sistema en procesos y procesadores. Este aspecto, que es una propiedad no funcional del sistema, permite un mejor uso del entorno en el que se encuentra el sistema, si el mismo dispone de ejecuciones en paralelo, y si existe dentro del sistema una gestión de eventos asíncronos. Una vez dividido el sistema en líneas de ejecución de procesos concurrentes (threads), esta vista debe mostrar cómo será la comunicación y la competencia de estos hilos. La vista de la competencia se apoya en diagramas dinámicos, que son los diagramas de estado, secuencia, colaboración y actividad, y los diagramas de implementación, que son diagramas de componentes y ejecución.

• Vista de la organización: por último, la vista de la organización muestra la organización física de los sistemas, equipos, periféricos y cómo se conectan entre sí. Esta vista será implementada por los desarrolladores, integradores y probadores, y será representada por el diagrama de ejecución.

MODELOS DE ELEMENTOS

Los conceptos que se utilizan en los diagramas se llaman modelos de elementos. Un modelo de elemento se define con la semántica, la definición formal del elemento con el significado exacto de lo que representa sin definiciones dudosas o ambiguas y también define su representación gráfica que se muestra en los diagramas UML. Un elemento puede existir en diversos tipos de diagramas, pero hay reglas que definen qué elementos puede mostrarse en los diferentes tipos de diagramas. Algunos ejemplos de modelos de elementos son clases, objetos, estados, paquetes y componentes. Las relaciones son también modelos de elementos y se utilizan para conectar otros tipos de elementos entre sí. Todos los modelos de elementos se definen y ejemplifican a continuación.

Clases

Una clase es una descripción de un tipo de objeto. Todos los objetos son instancias de clases, donde la clase describe las propiedades y el comportamiento de ese objeto. Los objetos sólo pueden ser instancias de clases. Las clases se utilizan para clasificar los objetos que identificamos en el mundo real. Tomando el ejemplo de Charles Darwin, quien utilizó clases para clasificar a los animales conocidos y combinó sus clases por herencia para describir la "Teoría de la Evolución". La técnica de herencia entre clases también se utiliza en la orientación a objetos.

Una clase puede ser la descripción de un objeto en cualquier sistema - sistemas de información, técnico, integrado, distribuido, software, etc. En un sistema de software, por ejemplo, hay clases que representan entidades de software en un sistema operativo como archivos, programas ejecutables, ventanas, barras de desplazamiento, etc.

Identificar las clases de un sistema puede ser complicado y debe ser realizado por expertos en el dominio del problema en que el software modelado se basa. Las clases deben ser retiradas del dominio del problema y ser nombradas por lo que representan en el sistema. Cuando tratamos de definir las clases de un sistema, hay algunas preguntas que pueden ayudar a identificarlas:

- ¿Hay información que se debe ser almacenada o analizada? Si hay alguna información que tiene que ser almacenada, procesada o analizada en modo alguno, entonces es una posible candidata para una clase.

- ¿Existen sistemas externos al modelado? Si los hay, deben ser vistos como clases por el sistema para que puedan interactuar con los otros.

- ¿Hay clases de bibliotecas, componentes o modelos externos para ser utilizados por el sistema modelado? Si es así, por lo general estas clases, componentes y modelos contienen clases candidatas a nuestro sistema.

- ¿Cuál es el papel de los actores dentro del sistema? Quizás su papel puede ser visto como clases, por ejemplo, usuario, operador, los clientes y así sucesivamente.

En UML las clases están representados por un rectángulo dividido en tres compartimentos: el compartimento del nombre, que contendrá sólo el nombre de la clase modelada, o de atributos, que poseerá la relación de atributos que la clase tiene en su estructura interna, y el compartimiento de operaciones, que son los métodos de manipulación de datos y de comunicación de una clase con otras del sistema. La sintaxis utilizada en cada uno de estos compartimentos es independiente de cualquier lenguaje de programación, aunque otras sintaxis como la de C++, Java, etc. pueden ser utilizadas.

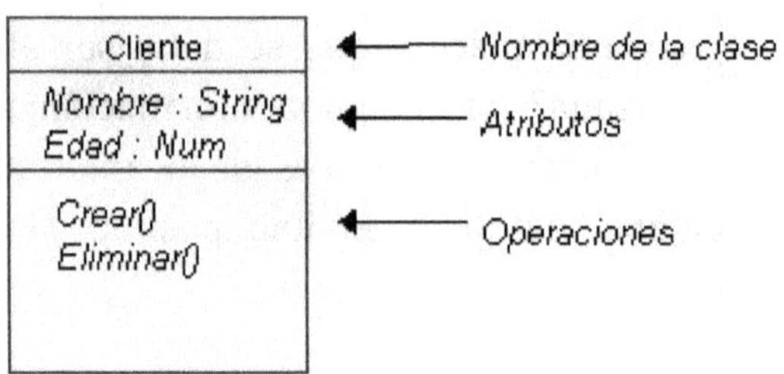

Objetos

Un objeto es un elemento que podemos manipular, controlar su conducta, crear, destruir, etc. Un objeto existe en el mundo real. Puede ser una parte de cualquier sistema, por ejemplo, una máquina, una organización o empresa. Hay objetos que no encontramos en el mundo real pero que pueden ser vistos como derivaciones de estudios de la estructura y el comportamiento de otros objetos del mundo real.

En UML un objeto se muestra como una clase sólo que se subraya su nombre (el objeto), y el nombre del objeto puede ser mostrado opcionalmente precedido por el nombre de la clase.

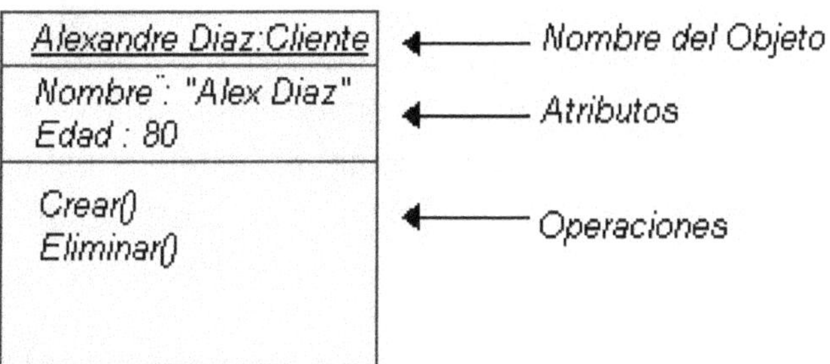

Estados

Todos los objetos tienen un estado que significa el resultado de las actividades realizadas por el objeto, y es generalmente determinada por los valores de sus atributos y vínculos a otros objetos.

Un objeto cambia de estado cuando ocurre algo, el hecho de que algo le sucede al objeto se llama evento. Mediante el análisis de los cambios en los estados de los tipos de objetos en un sistema, podemos predecir todos los posibles comportamientos de un objeto de acuerdo con los eventos que pueda sufrir.

Un estado, en su notación, puede contener tres compartimentos. El primero muestra el nombre del estado. El segundo es opcional y muestra la variable de estado, donde los atributos del objeto en cuestión se pueden enumerar y actualizar. Los atributos son los que aparecen en la representación de la clase y a veces también se pueden mostrar las variables temporales, que son muy útiles en los diagramas de estado, ya que mediante la observación de sus valores podemos ver su influencia en el cambio de los estados de un objeto. El tercer compartimento es opcional y se llama el compartimiento de la actividad, donde los eventos y acciones se pueden enumerar. Tres eventos estándar se pueden mostrar en un compartimiento de actividades de un estado: entrar, salir y hacer. El evento entrar se puede utilizar para definir actividades en el momento en que el objeto entra en ese estado. El evento salir, define las actividades que el objeto realiza antes de pasar al siguiente estado y el evento hacer define las actividades del objeto, mientras se encuentra en ese estado.

PAQUETES

El paquete es un mecanismo de agrupación, donde todos los modelos de elementos se pueden agrupar. En UML, un paquete se define como: "Un mecanismo de propósito general para organizar elementos semánticamente relacionados en grupos." Todos los modelos de elementos que están vinculados o referenciados por un paquete se llaman "Contenido del paquete". Un paquete tiene varios modelos de elementos, y esto significa que no pueden ser incluidos en otros paquetes.

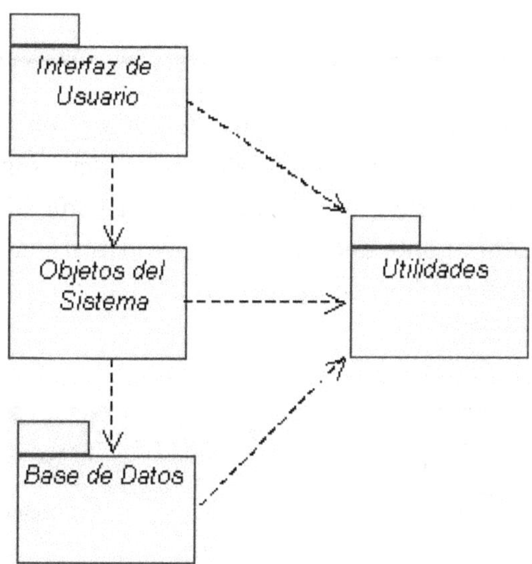

Los paquetes pueden importar modelos de elementos de otros paquetes. Cuando se importa un modelo de elementos, se refiere sólo al paquete que tiene el elemento. En la mayoría de los casos, los paquetes tienen relaciones con otros paquetes. Aunque éstos no tienen semántica definida para sus instancias. Las relaciones permitidas entre los paquetes son de dependencia, refinamiento y generalización (herencia).

El paquete tiene una gran similitud con la agregación (relación que será tratada más adelante). El hecho de que un paquete se compone de modelos de elementos crea una agregación de composición. Si este se destruye, todo su contenido también será eliminado.

Componentes

Un componente puede ser tanto un código en lenguaje de programación como un código ejecutable ya compilado. Por ejemplo, en un sistema desarrollado en Java, cada archivo. java o .class es un componente del sistema, y se mostrará en el diagrama de componentes que los utiliza.

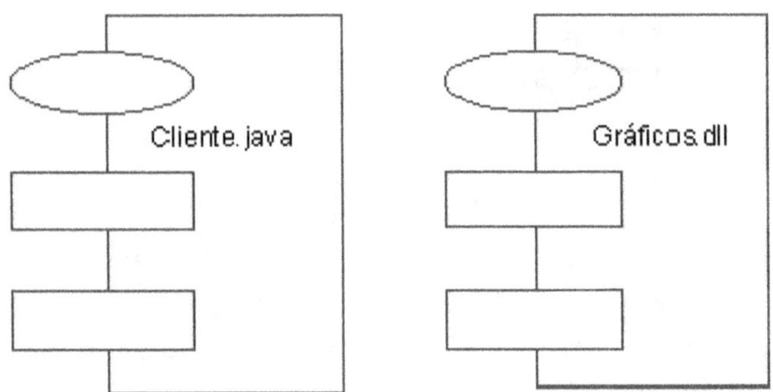

Relaciones

Las relaciones conectan las clases / objetos entre sí creando relaciones lógicas entre estas entidades. Las relaciones pueden ser de los siguientes tipos:

- Asociación: es una relación entre las clases, y también significa que es una conexión entre los objetos de esas clases. En UML, una asociación se define como una relación que describe una serie de enlaces, donde el enlace se define como la semántica entre los pares de objetos conectados.

- Generalización: es una relación entre un elemento más general y otro más específico. El elemento más específico sólo puede contener información adicional. Una instancia (un objeto es una instancia de una clase) del elemento más específico puede utilizarse donde se permite que sea utilizado el elemento más general.

- Dependencia y refinamiento: la dependencia es una relación entre los elementos, uno independiente y otro dependiente. Una modificación es un elemento independiente que afectará directamente a los elementos dependientes del anterior. Refinamiento es una relación entre dos descripciones de la misma entidad, pero en más niveles de abstracción.

Ahora discutiremos cada tipo de relación y sus respectivas subdivisiones.

Asociaciones

Una asociación representa que dos clases tienen una conexión (link) entre ellas, lo que significa, por ejemplo, que "se conocen entre sí", "están conectadas con", "para cada X hay una Y" y así sucesivamente. Las clases y las asociaciones son muy poderosas cuando son modeladas en sistemas complejos.

ASOCIACIONES NORMALES

El tipo más común de asociación es sólo una relación entre las clases. Se representa mediante una línea continua entre dos clases. La asociación tiene un nombre (a lo largo de la línea que representa la asociación), por lo general un verbo, si bien los nombres sustantivos también están permitidos.

También se puede colocar una flecha en el final de la asociación indicando que esta combinación sólo se puede utilizar en el lado donde apunta la flecha. Pero las asociaciones también pueden tener dos nombres, un nombre para cada dirección de la asociación.

Para expresar la multiplicidad de las relaciones, un intervalo indica cuántos objetos se enumeran en el enlace. El rango puede ser de cero a uno (0 .. 1), cero a muchos (0..* ó simplemente *), uno a muchos (1..*), dos (2) , de cinco a 11 (5 .. 11) y así sucesivamente. También es posible expresar una serie de números (1, 4, 6 .. 12). Si no se ha descrito ninguna multiplicidad, entonces se considera el estándar de uno a uno (1 .. 1 o sólo 1).

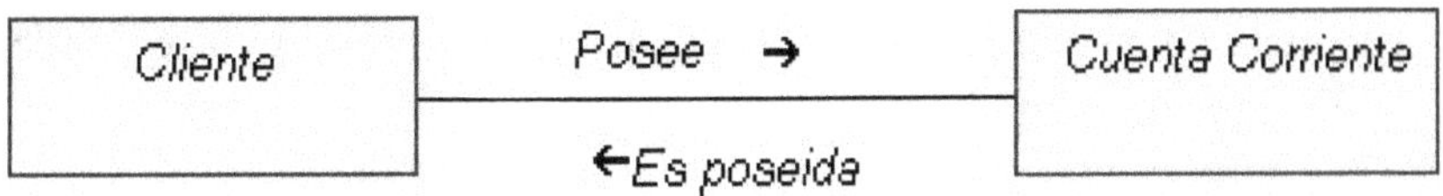

En el ejemplo anterior podemos ver una relación entre las clases clientes y cuenta corriente que se relacionan por asociación.

Asociación recursiva

Se puede conectar una clase a sí misma a través de una asociación y que aún represente semánticamente la conexión entre dos objetos, pero los objetos conectados son de la misma clase. Una asociación de este tipo se llama una asociación recursiva.

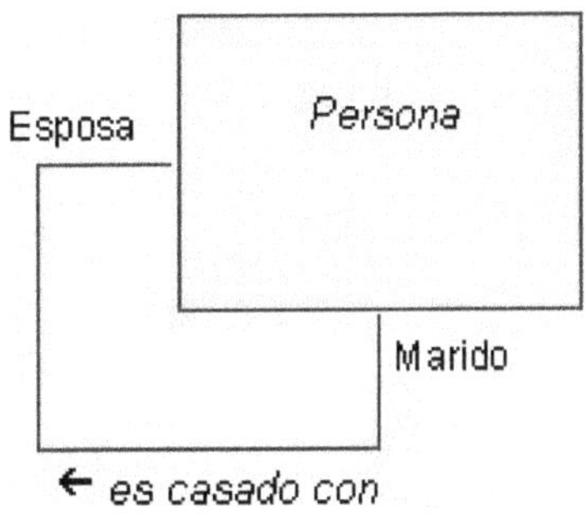

Asociación cualificada

Las asociaciones cualificadas se utilizan con combinaciones de uno a muchos (1 .. *) o muchos a muchos (*). El "cualificador" (identificador de la asociación cualificada) especifica cómo un determinado objeto en el final de la asociación "n" se identifica y puede ser visto como una especie de clave para separar todos los objetos en la asociación. El identificador está diseñado como una pequeña caja en el extremo de la asociación junto a la clase donde la navegación ha de hacerse.

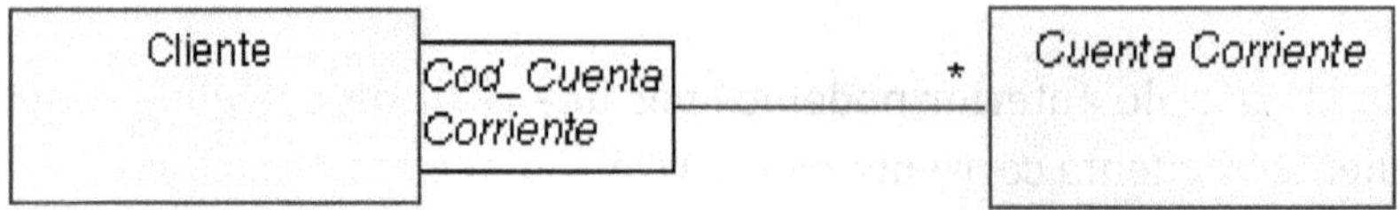

ASOCIACIÓN EXCLUSIVA

En algunos modelos no todas las combinaciones son válidas, y esto puede causar problemas que deben ser abordados. Una asociación exclusiva es una restricción en dos o más asociaciones. Especifica que los objetos de una clase pueden participar en, como máximo, una de las asociaciones en un momento dado. Una asociación exclusiva está representada por una línea discontinua entre las asociaciones que forman parte de una asociación exclusiva con la especificación "{o}" sobre la línea punteada.

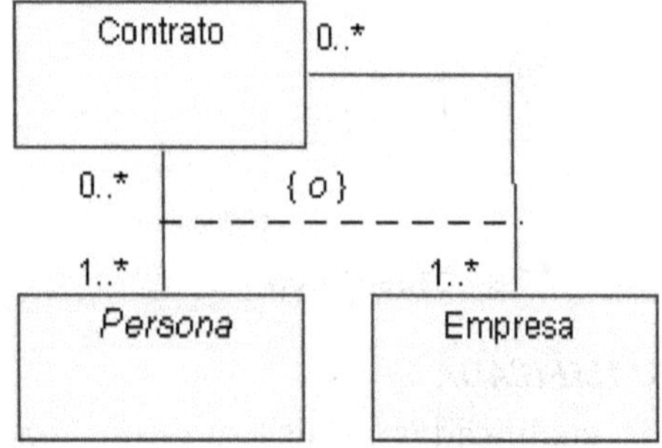

En el diagrama anterior un contrato no puede referirse a una persona y una empresa al mismo tiempo, lo que significa que la relación es exclusiva a sólo una de las dos clases.

ASOCIACIÓN ORDENADA

Las asociaciones entre los objetos pueden tener un orden implícito. El valor por defecto para una asociación es desordenada (o ningún orden en particular). Pero un orden se puede especificar mediante la asociación ordenada. Esta asociación puede ser muy útil en casos como este: ventanas de un sistema tienen que ser ordenadas en la pantalla (una de ellas en la parte superior, otra en la parte inferior y así sucesivamente). La asociación ordenada se puede escribir poniendo "{ordenada}" a lo largo de la línea de unión entre las dos clases.

ASOCIACIÓN DE CLASE

Una clase puede estar asociada con otra asociación. Este tipo de asociación no está conectada a ninguno de los extremos de la asociación existente, sino a la propia línea de asociación. Esta asociación sirve para añadir información adicional a la asociación existente.

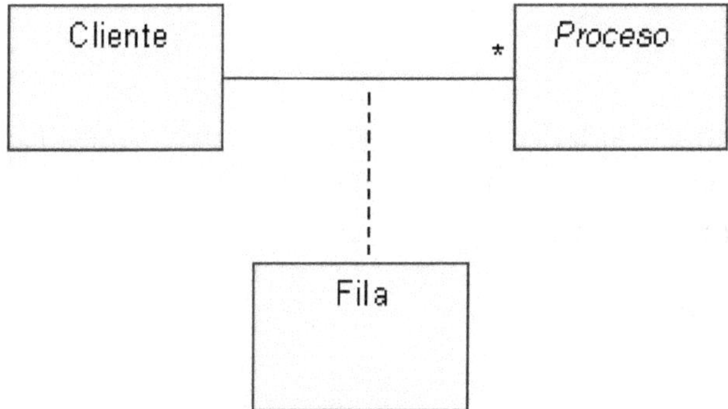

La asociación de la clase Fila con la asociación de las clases Cliente y Proceso se puede entender con operaciones de añadir procesos en la fila, leer y eliminar la cola y leer su tamaño. Si se añaden operaciones o atributos a la asociación, se debe mostrar como una clase.

Asociación terciaria

Más de dos clases se pueden asociar entre sí, la asociación terciaria combina tres clases. Ella se muestra como un diamante y aún soporta una asociación de clase ligada a ella, entonces, se trazaría una línea desde el diamante a la clase donde se haría la asociación terciaria.

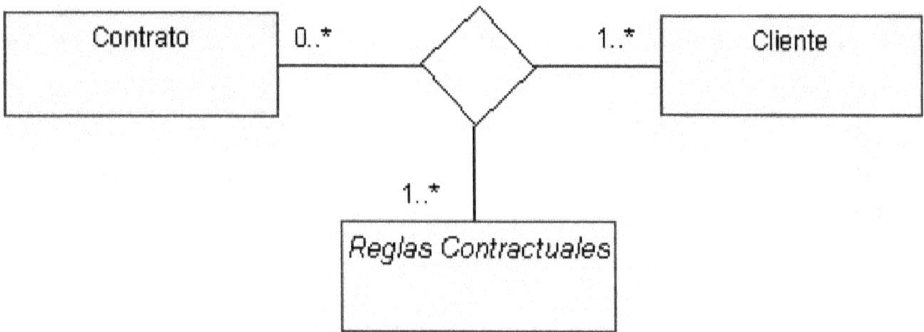

En el ejemplo anterior la asociación terciaria especifica que un cliente puede tener uno o más contratos y cada contrato contendrá una o varias reglas contractuales.

Agregación

La agregación es un caso particular de asociación. La agregación indica que una de las clases de la relación es una parte, o está contenida en otra clase. Las palabras clave que se utilizan para identificar una agregación son: "consiste en", "contiene", "es parte de".

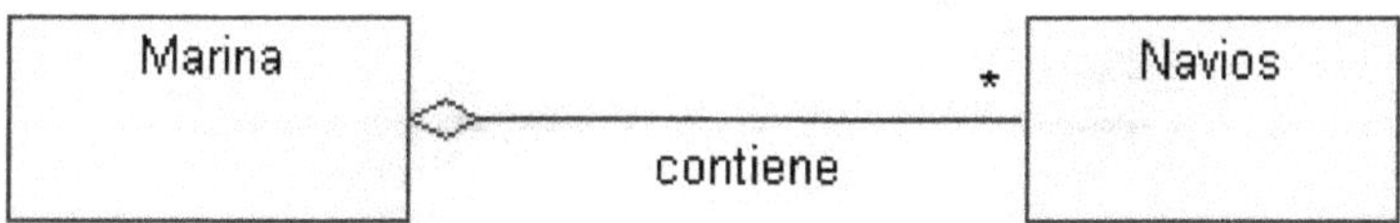

Hay tipos especiales de agregación que son las agregaciones compartidas y compuestas.

• Agregación Compartida: Se dice cuando una de las clases es una parte o está contenida en la otra, pero esta parte puede estar contenida en la otra varias veces en el mismo momento.

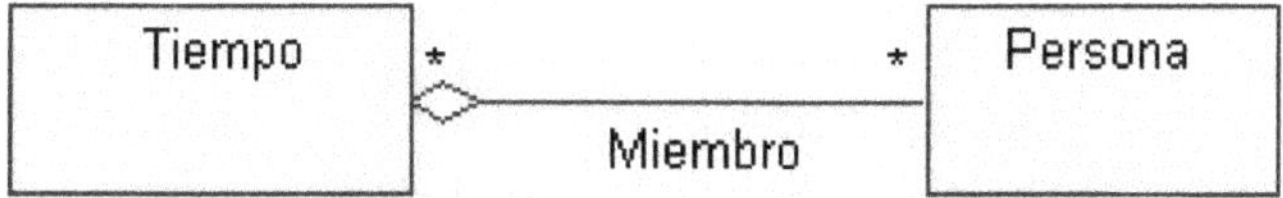

En el ejemplo anterior una persona puede ser miembro de un Tiempo (equipo) o varios Tiempos en un momento dado.

• Agregación de Composición: Es una agregación donde una clase que se encuentra en otra "vive" y constituye a la otra. Si se destruye el objeto de la clase que lo contiene, las clases de agregación de composición serán destruidas al mismo tiempo ya que las mismas son parte de la otra.

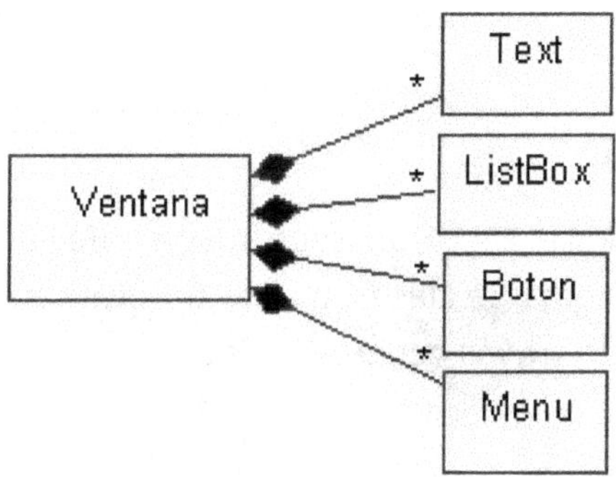

Las Generalizaciones

La generalización es una relación entre un elemento general y otro más específico. El elemento más específico tiene todas las características del elemento general y contiene más características. Un objeto más específico se puede utilizar como una instancia del elemento más general. La generalización, también llamada herencia, permite la creación de elementos especializados en otros.

Hay algunos tipos de generalizaciones que varían en su uso a partir de la condición. Son: generalización normal y restringida. Las generalizaciones restringidas se dividen en generalización de superposición, disyuntiva, completa e incompleta.

GENERALIZACIÓN NORMAL

En la generalización normal la clase más específica, llamada subclase, hereda todo de la clase más general, llama superclase. Los atributos, las operaciones y todas las asociaciones son heredadas.

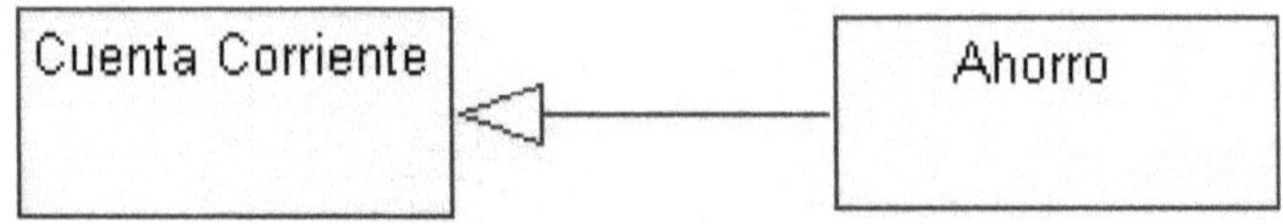

Una clase puede ser tanto una subclase como una superclase, si está en una jerarquía de clases, que es un gráfico donde las clases están vinculadas a través generalizaciones.

La generalización habitual está representada por una línea entre las dos clases que hacen la relación, se pone una flecha en el lado de la línea donde se encuentra la superclase indicando generalización.

GENERALIZACIÓN RESTRINGIDA

Una restricción aplicada a una generalización especifica informaciones más precisas acerca de cómo la generalización se debe utilizar y ampliar en el futuro. Las siguientes restricciones definen las generalizaciones restringidas con más de una subclase:

- Las generalizaciones de superposición y disyuntivas: la generalización de superposición significa que cuando las subclases heredan de una superclase por solapamiento, estas nuevas subclases pueden heredar de más de una subclase. La generalización disyuntiva es exactamente lo contrario de la superposición y la generalización se utiliza como un estándar.

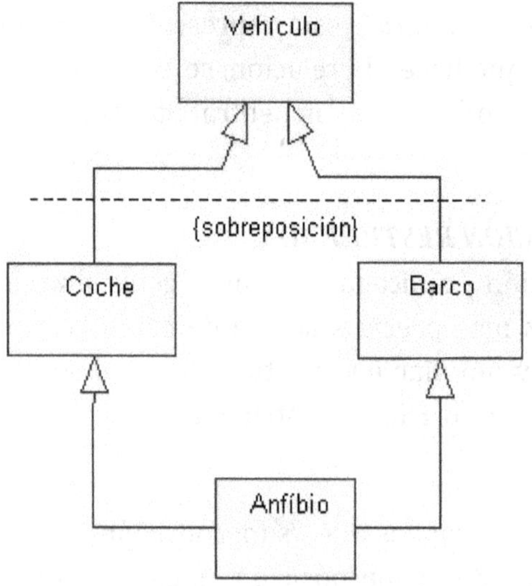

• Generalización completa e incompleta: una restricción que simboliza que una generalización es completa significa que todas las subclases se han especificado, y no hay posibilidad de otra generalización a partir de ese punto. La generalización incompleta es exactamente lo contrario de la completa y es asumida como un estándar del lenguaje.

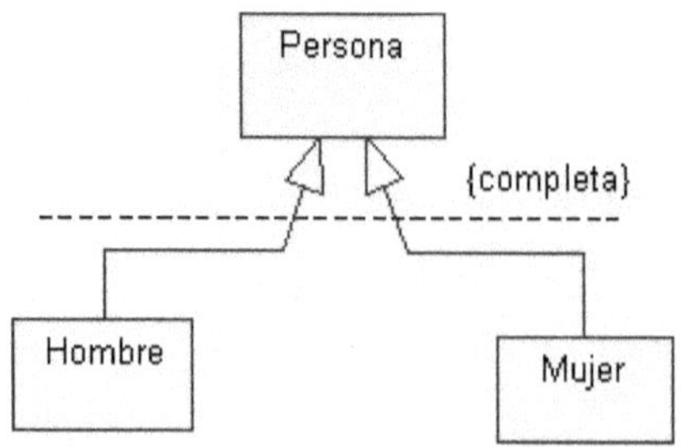

DEPENDENCIAS Y REFINAMIENTOS

Además de asociaciones y generalizaciones, hay dos tipos de relaciones en UML. La relación de dependencia es una relación semántica entre dos modelos de elementos, uno independiente y otro dependiente. Un cambio en el elemento independiente afectará al modelo dependiente. Como en el caso anterior con las generalizaciones, los modelos de elementos pueden ser una clase, paquete, un caso de uso y así sucesivamente. Cuando una clase recibe un objeto de otra clase como un parámetro, una clase accede al objeto global de la otra. En este caso existe una dependencia entre estas dos clases, aunque no sea explícita.

Una relación de dependencia está simbolizada por una línea discontinua con una flecha en el extremo de uno de los lados de la relación. Y sobre esa línea el tipo de dependencia que existe entre las dos clases. Las clases "amigas" de C ++ son un ejemplo de una relación de dependencia.

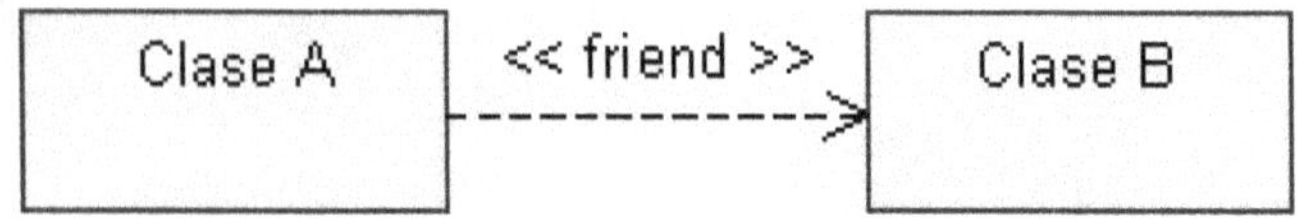

Los refinamientos son un tipo de relación entre dos descripciones de la misma cosa, pero en diferentes niveles de abstracción y se pueden utilizar para modelar diferentes implementaciones de una misma cosa (una implementación más compleja y otra sencilla, pero también más eficiente).

Los refinamientos son simbolizados por una línea discontinua con un triángulo en el extremo de uno de los lados de la relación y se utilizan en modelos de coordinación. En grandes proyectos, todos los modelos que se hacen deben ser coordinados. La coordinación de modelos en diferentes niveles de abstracción que se relacionan y muestran también como los modelos se relacionan en diferentes fases de desarrollo.

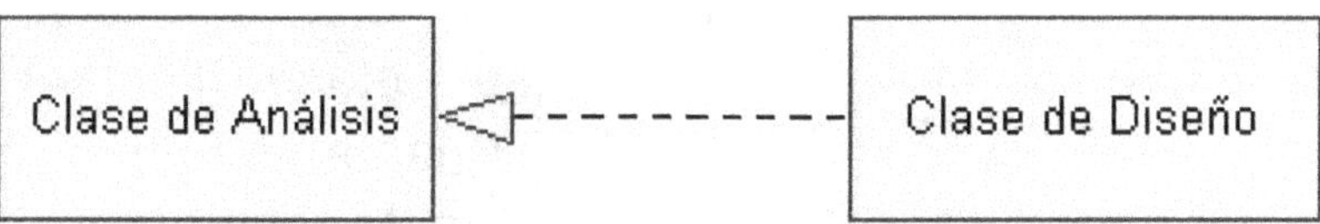

MECANISMOS GENERALES

El UML utiliza algunos mecanismos en sus diagramas para tratar la información adicional.

• Adornos: Adornos u ornamentos gráficos son anexados a los modelos de elementos en diagramas y añaden semánticas al elemento. Un ejemplo de un ornamento es la técnica de separar un tipo de una instancia. Cuando un elemento es un tipo, su nombre se muestra en negrita. Cuando el mismo elemento es una instancia de un tipo, se destaca su nombre con un subrayado y puede significar tanto el nombre de instancia como el nombre del tipo. Otros adornos son los de especificación de multiplicidad de relaciones, donde la multiplicidad es un número o un intervalo que indica cuántas instancias de un tipo conectado pueden estar involucradas en la relación.

• Notas: No todo se puede definir en un lenguaje de modelado, no importa qué tan extenso pueda ser. Para añadir información a un modelo que no podría ser representada de otra manera, UML ofrece la posibilidad de añadir notas. Una nota puede ser colocada en cualquier lugar de un diagrama, y puede contener cualquier tipo de información.

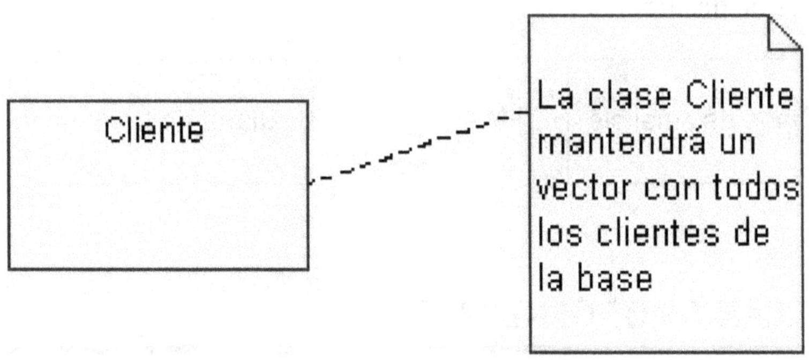

DIAGRAMAS

Los diagramas utilizados por UML se componen de nueve tipos: diagrama de casos de uso, de clase, de objeto, de estado, de secuencia, de colaboración, de actividad, de componentes y de ejecución.

Todos los sistemas tienen una estructura estática y comportamiento dinámico. El UML soporta modelos estáticos (estructura estática), dinámicos (comportamiento dinámico) y funcional. El modelado estático es soportado por el diagrama de clases y de objetos, que consiste en las clases y sus relaciones. Las relaciones pueden ser asociaciones, herencia (generalización), dependencia o refinamientos. Los modelados dinámicos son soportados por los diagramas de estado, secuencia, colaboración y actividad. Y el modelado funcional se apoya en los diagramas de componentes y ejecución. Ahora discutiremos cada uno de estos tipos de diagramas.

DIAGRAMA DE CASOS DE USO

Elementos:

El modelado de un diagrama de casos de uso es una técnica utilizada para describir los requisitos funcionales de un sistema. Están escritos en términos de actores externos, casos de uso y el sistema modelado. Los actores representan el papel de una entidad externa al sistema como un usuario, un hardware u otro sistema que interactúa con el sistema modelado. Los actores inician la comunicación con el sistema a través de los casos de uso, donde el caso de uso representa una secuencia de acciones realizadas por el sistema y recibe del actor que lo utiliza datos tangibles de un tipo o formato ya conocido, y el valor de respuesta de la ejecución de un caso de uso (contenido) es también ya un tipo conocido, todo eso es definido junto con el caso de uso a través de texto de documentación.

Los actores y casos de uso son clases. Un actor está conectado a uno o más casos de uso a través de asociaciones, y tanto actores como casos de uso pueden tener relaciones de generalización que definen un comportamiento común de herencia en las superclases especializadas en subclases.

El uso de casos de uso en colaboraciones es muy importante donde éstas son la descripción de un contexto mostrando las clases / objetos, sus relaciones y su interacción ejemplificando cómo las clases / objetos interactúan para llevar a cabo una actividad específica en el sistema. Una colaboración es descrita por los diagramas de actividades y diagramas de colaboración.

Cuando un caso de uso se implementa, la responsabilidad de cada paso de la ejecución debe estar asociado a las clases que participan de la colaboración, típicamente especificando las operaciones necesarias dentro de estas clases junto con la definición de cómo van a interactuar. Un escenario es una instancia de un caso de uso, o de una colaboración, mostrando la trayectoria específica de cada acción. Así que, el escenario es un ejemplo importante de un caso de uso o de una colaboración. Cuando se ve en términos de un caso de uso, sólo la interacción entre el actor externo y el caso de uso se ve, pero observando a nivel de una colaboración, todas las interacciones y pasos de la ejecución que implementan el sistema serán descritos y especificados.

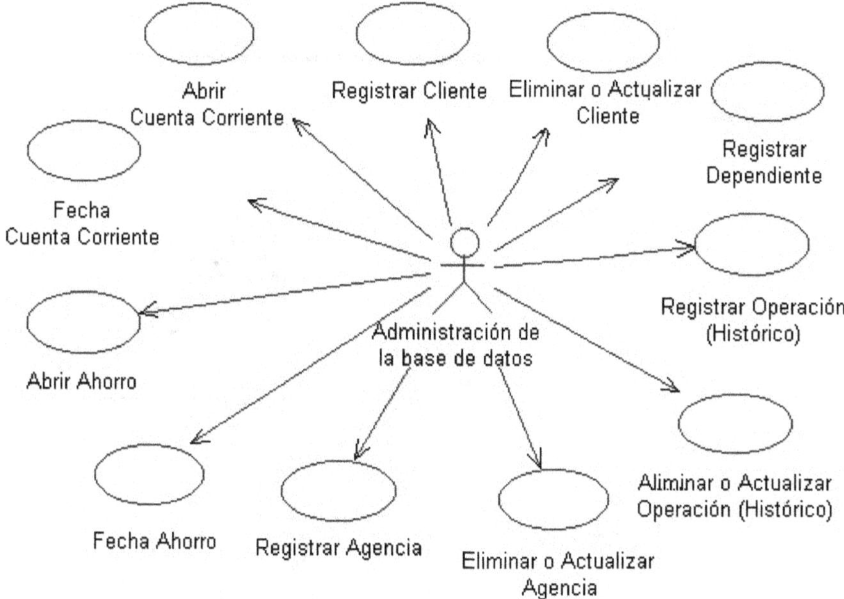

El diagrama de casos de uso anterior muestra las funciones de un actor externo de un sistema de control bancario de un banco ficticio que fue modelado en el estudio de caso al final de este trabajo. El diagrama especifica que funciones el administrador de bases de datos podrá realizar. Puede verse que no hay ninguna preocupación con la implementación de cada una de estas funciones, ya que este diagrama sólo se reduce a determinar qué funciones deberán ser soportadas por el sistema modelado.

Elementos:

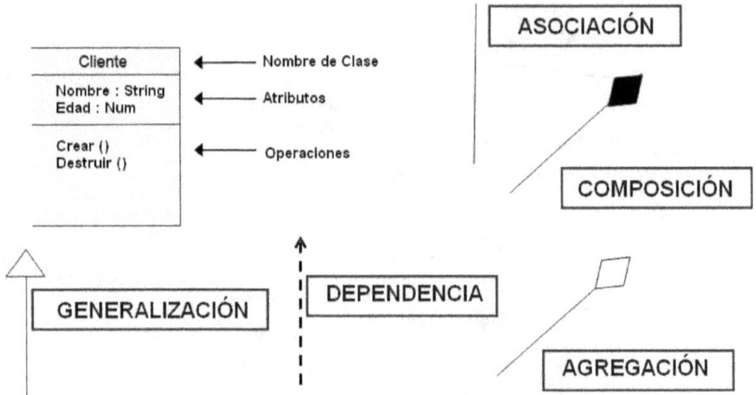

El diagrama de clases muestra la estructura estática de las clases de un sistema donde éstas representan las "cosas" que son administradas por la aplicación modelada. Las clases se relacionan con otras a través de diversas formas: asociación (interconectadas), dependencia (una clase depende o usa otra clase), especialización (una clase es una especialización de otra clase), o en paquetes (clases agrupadas por características similares). Todas estas relaciones se muestran en el diagrama de clases junto con sus estructuras internas, que son los atributos y operaciones. El diagrama de clases se considera estático porque la estructura descrita es siempre válida en cualquier punto del ciclo de vida del sistema. Un sistema normalmente posee algunos diagramas de clases, ya que no todas las clases están introducidas en un solo diagrama y una clase puede participar en varios diagramas de clases.

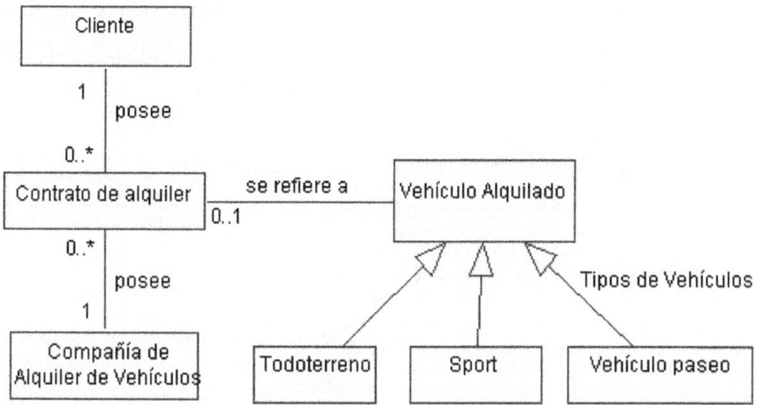

Una clase en un diagrama se puede implementar directamente utilizando un lenguaje de programación orientado a objetos que tenga soporte directo para la construcción de las clases. Para crear un diagrama de clases, las clases tienen que ser identificadas, descritas y relacionadas entre sí.

Diagrama de Objetos

El diagrama de objetos es una variación del diagrama de clases y utiliza casi la misma notación. La diferencia es que el diagrama de objetos muestra los objetos que se instancian de las clases. El diagrama de objetos es como si fuese el perfil del sistema en un determinado momento de su ejecución. La misma notación del diagrama de clases se utiliza con dos excepciones: los objetos se escriben con sus nombres subrayados y todas las instancias en una relación se muestran. Los diagramas de objetos no son tan importantes como los diagramas de clases, pero son muy útiles para ilustrar los diagramas complejos de clases siendo de gran ayuda en su comprensión. Los diagramas de objetos también se utilizan como parte de los diagramas de colaboración, donde se muestra la colaboración dinámica entre los objetos del sistema.

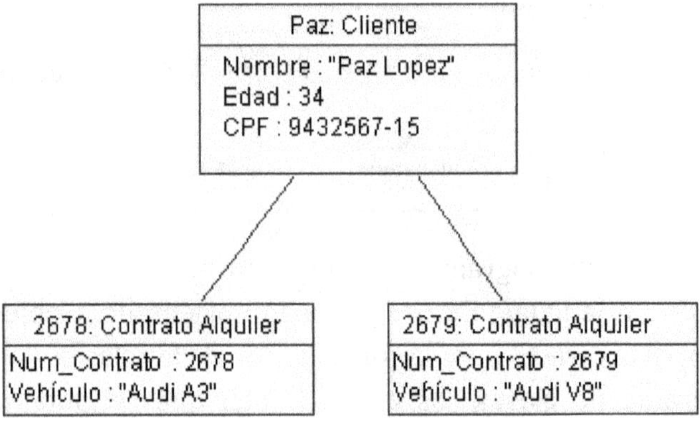

Diagrama de Estado

El diagrama de estado es típicamente un complemento para la descripción de las clases. Este diagrama muestra todos los estados posibles en que los objetos de una clase determinada pueden encontrarse y también muestra cuáles son los eventos del sistema que desencadenan estos cambios. Los diagramas de estado no son escritos para todas las clases de un sistema, sólo para aquellas que tienen un conjunto definido de estados conocidos y donde el comportamiento de las clases se ve afectado y modificado por los diferentes estados.

Los diagramas de estado capturan el ciclo de vida de los objetos, subsistemas y sistemas. Muestran los estados que un objeto puede tener y cómo los eventos (mensajes recibidos, tiempo, errores y condiciones cumplidas) afectan a estos estados a través del tiempo.

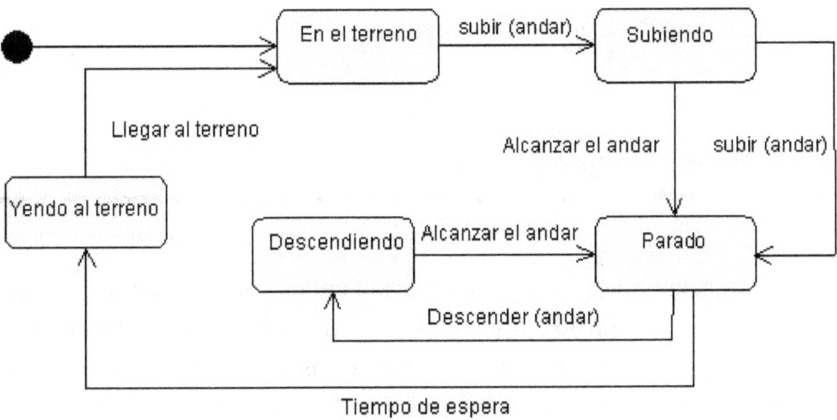

Los diagramas de estado tienen un punto de inicio y varios puntos de finalización. Un punto de inicio o partida (estado inicial) se muestra como un círculo relleno, y un punto final (estado final) se muestra como un círculo alrededor de otro círculo más pequeño relleno. Un estado se muestra como un rectángulo con esquinas redondeadas. Entre los estados están las transiciones, que se muestran como una línea con una flecha en el extremo de uno de los estados. La transición puede ser nombrada con su evento causante. Cuando el evento ocurre, la transición de un estado a otro se ejecuta o dispara.

Una transición de estado por lo general posee un evento ligado a ella. Si un evento se anexa a una transición, esta se ejecutará cuando se produzca el evento. Si una transición no tiene un evento ligado a ella, la misma ocurrirá cuando se ejecuta la acción interna del código de estado (si existen acciones internas como entrar, salir, hacer u otras acciones definidas por el desarrollador). Así que cuando todas las acciones se realizan por parte del estado, la transición se activará y comenzará las actividades del próximo estado en el diagrama de estados.

Diagrama de Secuencia

Un diagrama de secuencia muestra la colaboración dinámica entre varios objetos de un sistema. El aspecto más importante de este diagrama es que a partir de el podemos ver la secuencia de los mensajes enviados entre los objetos. Este muestra la interacción entre los objetos, algo que va a suceder en un punto específico de la ejecución del sistema. El diagrama de secuencia consiste de un número de objetos mostrados en líneas verticales. El paso del tiempo se muestra observando el diagrama en sentido vertical de arriba para abajo. Los mensajes enviados por cada objeto son simbolizados por flechas entre los objetos que se relacionan.

Los diagramas de secuencia tienen dos ejes, el eje vertical, que muestra el tiempo y el eje horizontal, que muestra los objetos que participan en la secuencia de una determinada actividad. También muestran las interacciones para un escenario específico de una determinada actividad del sistema.

En el eje horizontal están los objetos involucrados en la secuencia. Cada uno está representado por un rectángulo de objeto (similar al diagrama de objetos) y una línea vertical de puntos llamada línea de vida del objeto, lo que indica la ejecución del objeto durante la secuencia, como ejemplo citamos: mensajes recibidos o enviados y activación de objetos. La comunicación entre los objetos se representa como una línea horizontal con flechas que simbolizan los mensajes entre las líneas de vida de los objetos. La flecha indica si el mensaje es síncrono, asíncrono o simple. Los mensajes también pueden tener números secuenciales, se utilizan para tener de manera más explícita la secuencia en el diagrama.

En algunos sistemas, los objetos se ejecutan simultáneamente, cada uno con su línea de ejecución (thread). Si el sistema utiliza las líneas de control concurrentes, esto se muestra como activación, mensajes asíncronos, u objetos asíncronos.

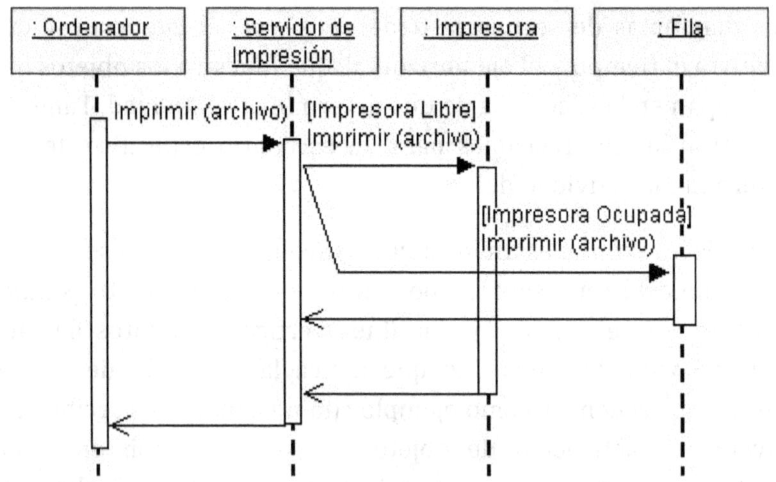

Los diagramas de secuencia pueden mostrar los objetos que son creados o destruidos como parte del escenario documentado por el diagrama. Un objeto puede crear otros objetos a través de mensajes. El mensaje que crea o destruye un objeto es generalmente síncrono, representado por una flecha sólida.

Diagrama de Colaboración

Un diagrama de colaboración muestra de forma semejante al diagrama de secuencia, la colaboración dinámica entre los objetos. Normalmente usted puede optar por utilizar el diagrama de colaboración o el diagrama de secuencia.

En el diagrama de colaboración, además de mostrar el intercambio de mensajes entre los objetos, también percibe los objetos con sus relaciones. La interacción de mensajes se muestra en los dos diagramas. Si el énfasis del diagrama es el paso del tiempo, lo mejor es elegir el diagrama de secuencia, si el énfasis es el contexto del sistema, es mejor dar prioridad al diagrama de colaboración.

El diagrama de colaboración se dibuja como un diagrama de objeto, donde los diversos objetos se muestran junto con sus relaciones. Las flechas de mensajes son dibujadas entre los objetos para mostrar el flujo de mensajes entre ellos. Los mensajes se nombran, y entre otras cosas muestran el orden en que se envían los mensajes. También se pueden mostrar condiciones, interacciones, valores de respuesta, etc. El diagrama de colaboración también puede contener objetos activos, que se ejecutan en paralelo con los demás.

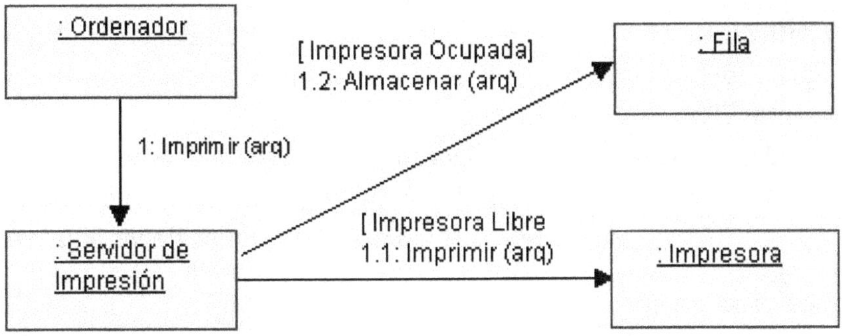

Elementos:

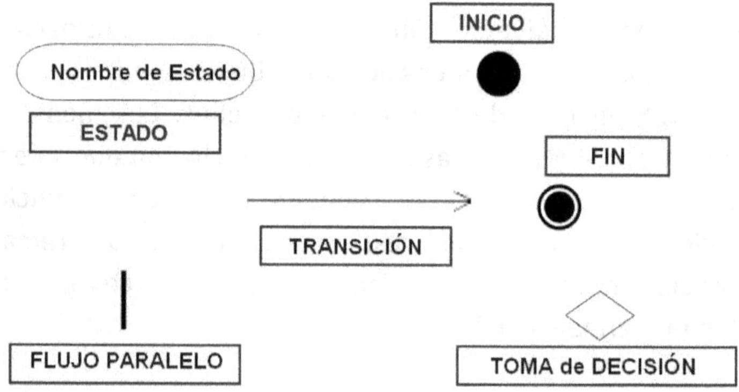

Los diagramas de actividad capturan acciones y sus resultados. Se centran en el trabajo realizado en la implementación de una operación (método), y sus actividades en una instancia de un objeto. El diagrama de actividad es una variación del diagrama de estado y tiene un propósito ligeramente diferente del diagrama de estado, que es capturar la acción (trabajo y actividades a ejecutar) y sus resultados en términos de cambios de estados de los objetos.

Los estados en el diagrama de actividad cambian a un estado próximo cuando se realiza una acción (sin necesidad de especificar cualquier evento en el diagrama de estado). Otra diferencia entre el diagrama de actividad y el de estado es que pueden ser colocados como "swimlanes". Un swimlane agrupa actividades, con respecto a quién es el responsable y donde dichas actividades residen en la organización, y está representado por rectángulos que abarcan todos los objetos que están conectados a él (swimlane).

Un diagrama de actividad es una forma alternativa para mostrar interacciones, con la posibilidad de expresar cómo se realizan las acciones, lo que hacen (cambian los estados de los objetos) cuando se ejecutan (secuencia de acciones), y donde suceden (swimlanes).

Un diagrama de actividad se puede utilizar para diferentes propósitos, incluyendo:

- Para capturar los trabajos que se llevarán a cabo cuando una operación se activa (acciones). Este es el uso más común para el diagrama de actividad.
- Para capturar el trabajo interno de un objeto.
- Para mostrar cómo se puede realizar un conjunto de acciones relacionadas y cómo afectarán a los objetos a su alrededor.
- Para mostrar cómo se puede realizar una instancia en términos de acciones y objetos.
- Para mostrar cómo funciona un negocio en términos de empleados (actores), flujo de trabajo, la organización y los objetos (los factores físicos e intelectuales usados en el negocio).

El diagrama de actividad muestra el flujo secuencial de las actividades, se utiliza generalmente para mostrar las actividades realizadas por una operación específica del sistema. Consisten en estados de acción, que contienen la especificación de una actividad que se realiza por una operación del sistema. Decisiones y condiciones, como ejecución en paralelo, también se pueden mostrar en el diagrama de actividad. El diagrama también puede contener especificaciones de los mensajes enviados y recibidos como parte de las acciones ejecutadas.

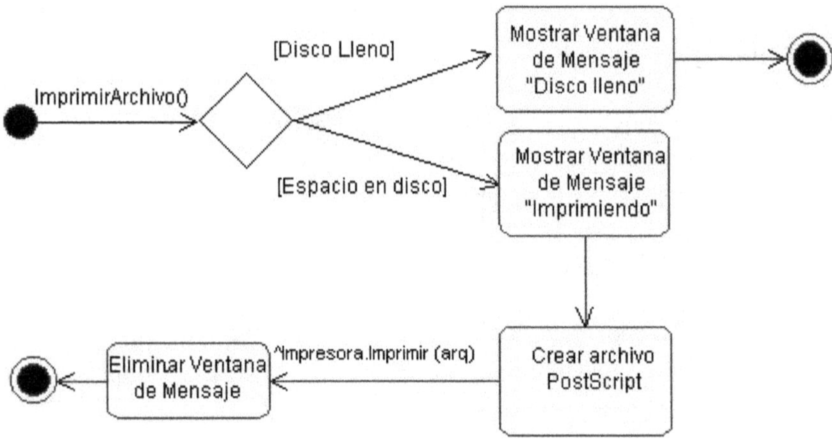

Diagrama de Componentes

El diagrama de componentes y el de ejecución son diagramas que muestran el sistema desde un lado funcional, dejando al descubierto las relaciones entre sus componentes y la organización de sus módulos durante su ejecución.

El diagrama de componentes describe los componentes de software y sus dependencias entre sí, lo que representa la estructura del código generado. Los componentes son la implementación en la arquitectura física de los conceptos y de las funcionalidades definidas en la arquitectura lógica (clases, objetos y sus relaciones). Por lo general son archivos implementados en el entorno de desarrollo.

Un componente se muestra en UML como un rectángulo con una elipse y dos rectángulos más pequeños a la izquierda. El nombre del componente se escribe debajo o dentro de su símbolo.

Los componentes son tipos, pero sólo los componentes ejecutables pueden tener instancias. Un diagrama de componentes muestra sólo los componentes como tipos. Para mostrar instancias de componentes se debe utilizar un diagrama de ejecución, donde las instancias ejecutables se colocan en nodos.

La dependencia entre los componentes se puede mostrar como una línea discontinua con una flecha, que simboliza que un componente necesita de otro para tener una definición completa. Con el diagrama de componentes es fácilmente visible detectar que archivos .dll se necesitan para ejecutar la aplicación.

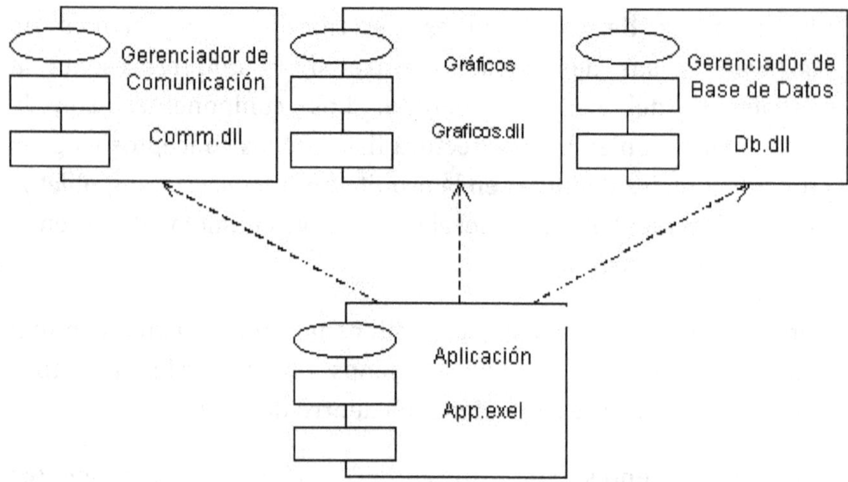

Los componentes pueden definir interfaces que son visibles para otros componentes. Las interfaces pueden definirse tanto en términos de codificación (como en Java) como en interfaces binarias usadas en run-time, tiempo de ejecución, (como en OLE). Una interfaz se muestra como una línea desde el componente y con un círculo en el otro extremo. El nombre se coloca junto al círculo al final de la línea. Las dependencias entre componentes pueden entonces apuntar a la interfaz del componente que se utiliza.

Diagrama de Ejecución

El diagrama de ejecución muestra la arquitectura física del hardware y del software en el sistema. Puede mostrar los ordenadores y periféricos actuales, junto con las conexiones que se establecen entre ellos mismos y también pueden mostrar los tipos de conexiones entre estos ordenadores y periféricos. También especifica los componentes ejecutables y objetos que se asignan para mostrar que unidades de software se ejecutan y en que equipos se ejecutan.

El diagrama de ejecución muestra la arquitectura run-time de procesadores, componentes físicos (devices) y software que se ejecuta en el entorno donde se utilizará el sistema desarrollado. Es la última descripción física de la topología del sistema, que describe la estructura de hardware y software que se ejecuta en cada unidad.

El diagrama de ejecución está compuesto de componentes, que tienen la misma simbología de los componentes del diagrama de componentes, nodos, que representan objetos físicos que son parte del sistema pudiendo ser una máquina cliente en una LAN, una máquina de servidor, una impresora, un router, etc., y las conexiones entre estos nodos y componentes que juntos comprenden toda la arquitectura del sistema físico.

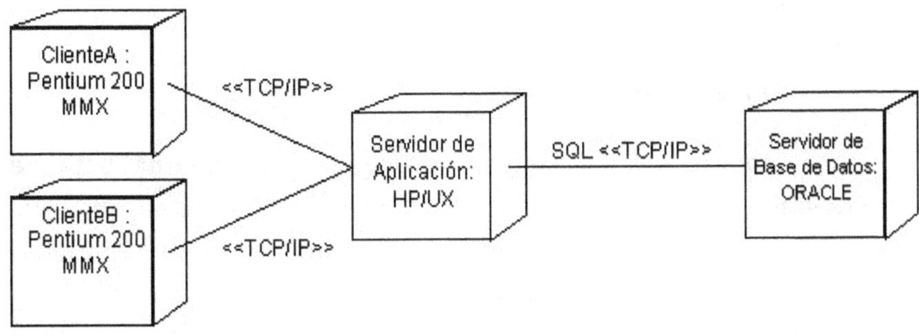

UN PROCESO PARA USAR UML

El UML contiene notaciones y reglas que permiten expresar los modelos orientados a objetos. Pero no indica cómo el trabajo se tiene que hacer, es decir, no tiene un proceso de cómo el trabajo tiene que ser desarrollado, ya que UML está diseñado para ser utilizado en diferentes métodos de desarrollo.

Para utilizar correctamente UML es necesario adoptar algún tipo de método de desarrollo, especialmente en grandes sistemas en los que la organización de tareas es esencial. El uso de un proceso de desarrollo hace más eficiente calcular el progreso del proyecto, supervisar y mejorar el trabajo.

Un proceso de desarrollo describe "qué hacer", "cómo", "cuándo" y "porque hay que hacerlo." Esto también describe una serie de actividades que deben ser realizadas en un orden determinado. Cuando se definen y relacionan las actividades de un proceso, se logra una meta específica.

En el uso normal, la palabra "proceso" significa una lista de actividades que se deben realizar en un orden determinado, independientemente del objetivo, reglas o material a utilizar. En el desarrollo del proceso de ingeniería de software, es necesario conocer el objetivo final del proceso, definir las reglas a seguir y adoptar un método fijo de desarrollo.

Un método (proceso) tradicional de desarrollo orientado a objetos se divide en análisis de requisitos, análisis, diseño (proyecto), implementación y pruebas. El análisis de los requisitos captura las necesidades básicas funcionales y no funcionales del sistema que debe ser desarrollado. El análisis modela el problema principal (clases, objetos) y crea un modelo ideal del sistema sin tener en cuenta los requisitos técnicos del sistema. El diseño expande y adapta los modelos de análisis a un entorno técnico, donde las soluciones técnicas se elaboran en detalle. La implementación consiste en codificar en lenguaje de programación y bases de datos los modelos creados. Y las actividades de prueba deben probar el sistema en diferentes niveles, comprobando si coincide con las expectativas del usuario.

Hay un proceso desarrollado por Rational Inc., la misma compañía que desarrolló el UML, que monta dos visiones del desarrollo de un sistema: la visión técnica y de gestión. La técnica utiliza las actividades tradicionales de análisis, diseño e implementación, mientras que la visión administrativa utiliza las siguientes etapas en el desarrollo de cada generación del sistema.

- Inicio: define el alcance y propósito del proyecto;
- Elaboración: desarrolla el producto en detalle a través de una serie de interacciones. Esto implica el análisis, diseño y programación;
- Transición: genera el sistema para el usuario final, incluyendo las actividades de marketing, soporte, documentación y formación.

Cada etapa del ciclo se ejecuta en series de interacciones que pueden superponerse a otras fases. Cada iteración consiste típicamente en actividades tradicionales tales como el análisis y el diseño, pero en diferentes proporciones, dependiendo de la fase en que este la generación del sistema en desarrollo.

Las herramientas modernas deben dar soporte no sólo a los lenguajes de modelado y programación, sino que deben apoyar un método de desarrollo de sistemas también. Esto incluye el conocimiento de las etapas en un proceso, ayuda en línea y consejos de qué hacer en cada etapa de desarrollo, apoyo al desarrollo interactivo y fácil integración con otras herramientas.

EL FUTURO DE UML

Aunque el UML define un lenguaje preciso, no es una barrera para nuevas mejoras en los conceptos de modelado. El desarrollo de UML se basa en técnicas antiguas de la orientación a objetos, más muchas otras influirán en el lenguaje en sus próximas versiones. Muchas técnicas avanzadas de modelado se pueden definir utilizando UML como base, pudiendo extenderse sin hacer necesario volver a definir su estructura interna.

El UML será la base para muchas herramientas de desarrollo, incluyendo el modelado visual, simulación y entornos de desarrollo. En poco tiempo herramientas de integración y estándares de implementación basados en UML estarán disponibles para cualquier persona.

El UML ha integrado muchas ideas adversas, y esta integración va a acelerar el uso del desarrollo de software orientado a objetos.

CASO DE ESTUDIO EN UML

Tras los puntos expuestos a lo largo de este libro, aplicaremos aquí gran parte de los conceptos abordados antes en una aplicación de UML en un problema ficticio que puede ser de gran ayuda para comprender mejor el potencial del lenguaje de modelado unificado.

El estudio de caso dará más énfasis en la fase de análisis de requisitos, el análisis y el diseño, ya que las principales abstracciones de los modelos de sistemas se encuentran en estas etapas de desarrollo.

Desarrollaremos un modelado en UML para crear un sistema de mantenimiento y control de cuentas corrientes y aplicaciones financieras de un banco ficticio.

Antes de iniciar la primera fase de modelado, vamos a hacer algunas consideraciones sobre lo que el sistema se propone hacer y otras observaciones que consideramos de vital importancia para la correcta comprensión del problema.

- El sistema soportará un registro de clientes, donde cada cliente registrado podrá tener varias cuentas corrientes, varios dependientes ligados a el, y varias cuentas de ahorro.

- Cada dependiente puede tener múltiples cuentas de ahorro, pero no podrá tener su propia cuenta corriente.

- Entendemos ahorro como una cuenta que tiene un valor, un plazo de aplicación de una tasa de interés (que se define en el vencimiento de los ahorros).

- Entendemos Aplicaciones Preestablecidas como una aplicación de un valor en un período pre-determinado a una tasa de interés predefinida.

- Tanto la cuenta corriente como la de ahorro, deberán mantener un registro de todas las transacciones de crédito, débito, transferencias y aplicaciones preestablecidos (pre-configurado sólo para la cuenta corriente). Una cuenta corriente puede tener varias aplicaciones preestablecidas conectadas a ella.

Análisis de Requisitos

De acuerdo con nuestra propuesta el sistema implementará funciones básicas que se llevarán a cabo por la administración del banco y sus clientes. Las principales funciones del sistema son:

- Crear nuevo cliente
- Eliminar o editar cliente
- Crear dependiente
- Eliminar o editar dependiente
- Abrir cuenta corriente
- Cerrar cuenta corriente
- Abrir cuenta de ahorro
- Cerrar cuenta de ahorro
- Movimientos cuenta corriente
- Aplicar preestablecido
- Consultar histórico de la cuenta corriente o de ahorro
- Crear agencia
- Eliminar o editar agencia

Teniendo esta lista de actividades, ahora podemos modelar el diagrama de casos de uso del sistema.

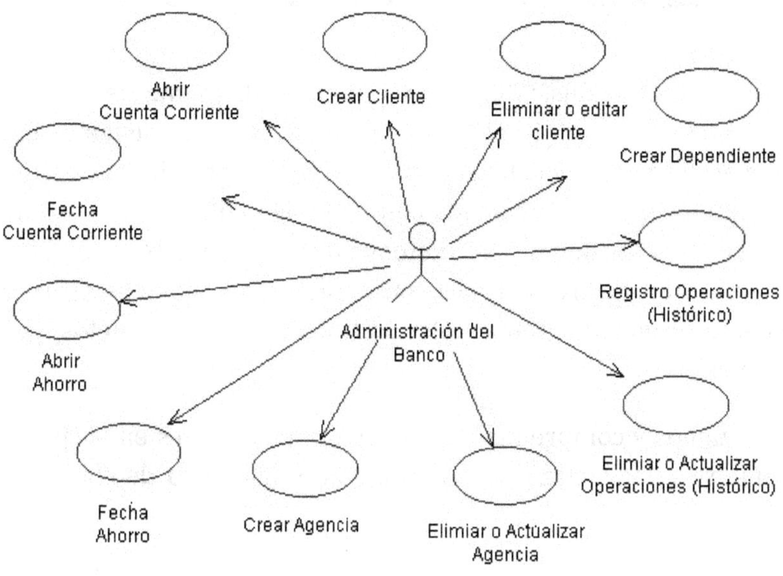
Abrir
Cuenta Corriente
Crear Cliente
Eliminar o editar
cliente
Crear Dependiente
Fecha
Cuenta Corriente
Registro Operaciones
(Histórico)
Abrir
Ahorro
Administración del
Banco
Elimiar o Actualizar
Operaciones (Histórico)
Fecha
Ahorro
Crear Agencia
Elimiar o Actualizar
Agencia

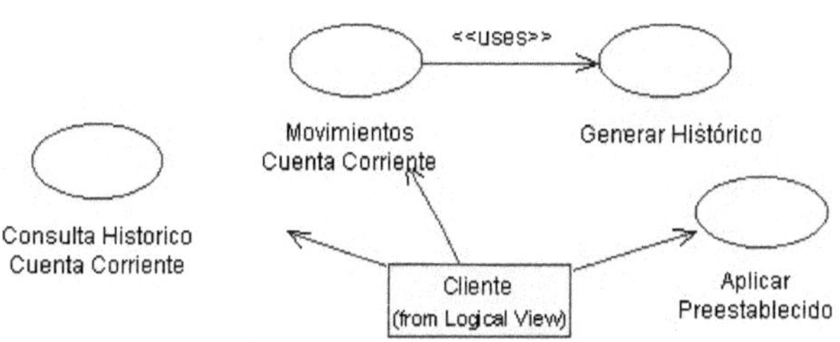
<<uses>>
Movimientos
Cuenta Corriente
Generar Histórico
Consulta Historico
Cuenta Corriente
Cliente
(from Logical View)
Aplicar
Preestablecido

Análisis

En la fase de análisis, teniendo a mano el diagrama de casos de uso, podemos definir el diagrama de clases del sistema. Este primer diagrama de la fase de análisis debe ser totalmente ajeno a cualquier técnica relacionada con la implementación del sistema, es decir, los atributos y los métodos de acceso a la base de datos, la estructura de los mensajes entre objetos, etc., no debe aparecer en este primer diagrama, sólo los tipos básicos de objetos en el sistema.

Analizamos y comprendemos que habrá ocho clases en el sistema y que se relacionarán de acuerdo con el diagrama de clases que sigue.

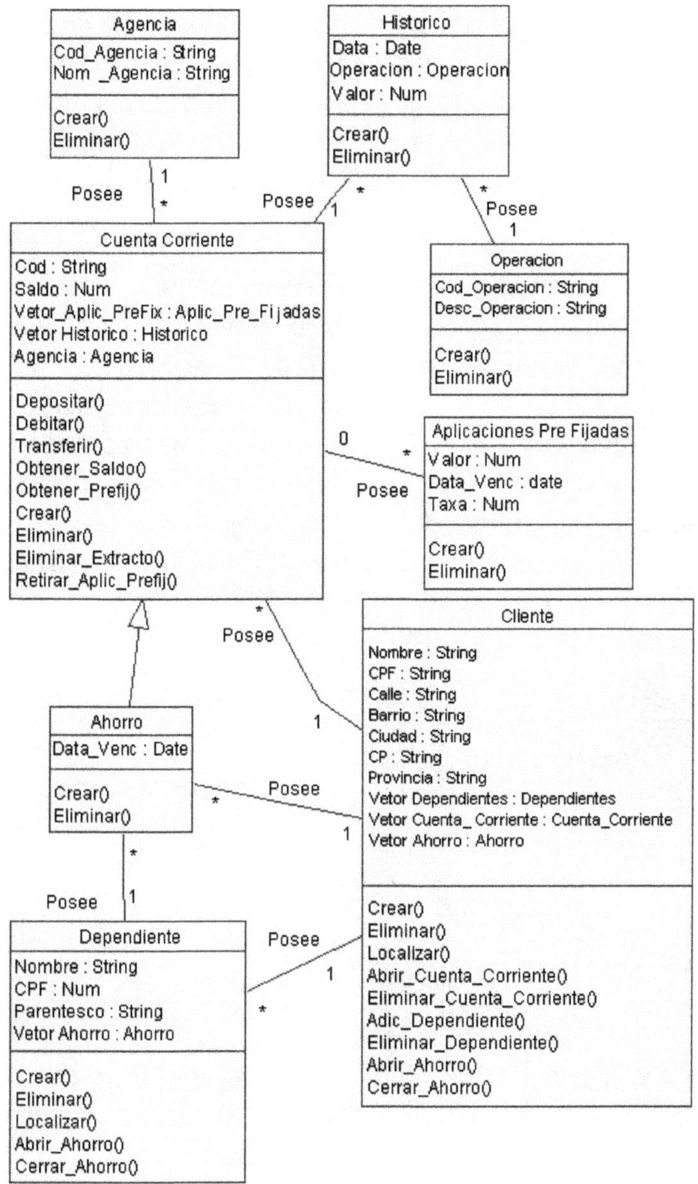
Agencia
Cod_Agencia : String
Nom _Agencia : String
Crear()
Eliminar()
Historico
Data : Date
Operacion : Operacion
Valor : Num
Crear()
Eliminar()
Posee
1
*
Posee
1
*
*
Posee
1
Cuenta Corriente
Cod : String
Saldo : Num
Vetor_Aplic_PreFix : Aplic_Pre_Fijadas
Vetor Historico : Historico
Agencia : Agencia
Depositar()
Debitar()
Transferir()
Obtener_Saldo()
Obtener_Prefij()
Crear()
Eliminar()
Eliminar_Extracto()
Retirar_Aplic_Prefij()
Operacion
Cod_Operacion : String
Desc_Operacion : String
Crear()
Eliminar()
0
*
Posee
Aplicaciones Pre Fijadas
Valor : Num
Data_Venc : date
Taxa : Num
Crear()
Eliminar()
*
Posee
1
Cliente
Nombre : String
CPF : String
Calle : String
Barrio : String
Ciudad : String
CP : String
Provincia : String
Vetor Dependientes : Dependientes
Vetor Cuenta_ Corriente : Cuenta_Corriente
Vetor Ahorro : Ahorro
Crear()
Eliminar()
Localizar()
Abrir_Cuenta_Corriente()
Eliminar_Cuenta_Corriente()
Adic_Dependiente()
Eliminar_Dependiente()
Abrir_Ahorro()
Cerrar_Ahorro()
Ahorro
Data_Venc : Date
Crear()
Eliminar()
Posee
*
1
*
Posee
1
Posee
1
*
Dependiente
Nombre : String
CPF : Num
Parentesco : String
Vetor Ahorro : Ahorro
Crear()
Eliminar()
Localizar()
Abrir_Ahorro()
Cerrar_Ahorro()

Ya tenemos las funciones clave del sistema (diagrama de casos de uso) y el diagrama de clases del análisis del dominio del problema, partiremos ahora para trazar cómo estas clases van a interactuar para realizar las funciones del sistema. Recuerde que en esta etapa ningún tipo de técnica de implementación debe ser considerada.

Para modelar cómo los objetos el sistema interactúan entre sí, se utiliza el diagrama de secuencia o colaboración. Vamos a modelar un diagrama para cada función (caso de uso) definida en el diagrama de casos de uso. Elegimos el diagrama de secuencia para dar más énfasis al orden cronológico de las interacciones entre objetos. Puesto que es necesario utilizar ideas básicas de modelado de la interfaz del sistema tales como ventanas. Pero estos objetos de interfaz serán detallados en la fase de diseño.

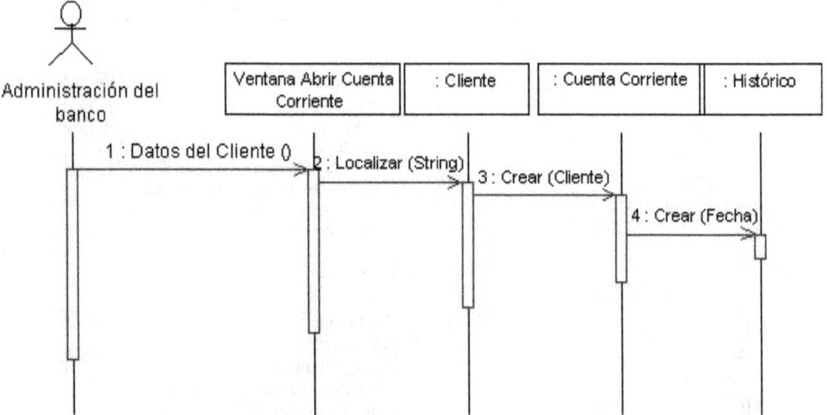

En esta etapa se modela también el diagrama de estado de las clases. Pero esta se encuadra en situaciones donde el comportamiento de los objetos es importante para la aplicación. En casos de modelado de sistemas para equipamientos mecánicos.

DISEÑO

En esta etapa vamos a implementar en nuestros modelos las mejoras y técnicas de como realmente cada función del sistema estará diseñada. Serán modelos más detallados con énfasis en las soluciones para el almacenamiento de datos, funciones primordiales del sistema y de interfaz de usuario.

La etapa de diseño puede dividirse en dos fases adicionales:

- Diseño de la arquitectura: Este es el diseño de alto nivel donde se definen los paquetes (subsistemas), incluyendo las dependencias y los mecanismos de comunicación entre ellos. Naturalmente, el objetivo es crear una arquitectura clara y simple, donde las dependencias sean pocas y que puedan ser bidireccionales, cuando sea posible.

- Diseño detallado: Esta parte detalla el contenido de los paquetes, a continuación, todas las clases se describirán completamente para mostrar especificaciones claras para el programador que generará el código de clase. Se utilizan modelos dinámicos de UML para mostrar cómo se comportan los objetos en diferentes situaciones.

DISEÑO DE LA ARQUITECTURA

Una arquitectura bien diseñada es la base para futuras ampliaciones y modificaciones en el sistema. Los paquetes pueden ser responsables de funciones lógicas o técnicas del sistema. Es de vital importancia separar la lógica de la aplicación de la lógica técnica. Esto facilitará en gran medida los cambios futuros del sistema.

En nuestro caso de estudio, se identificaron cuatro paquetes (subsistemas):

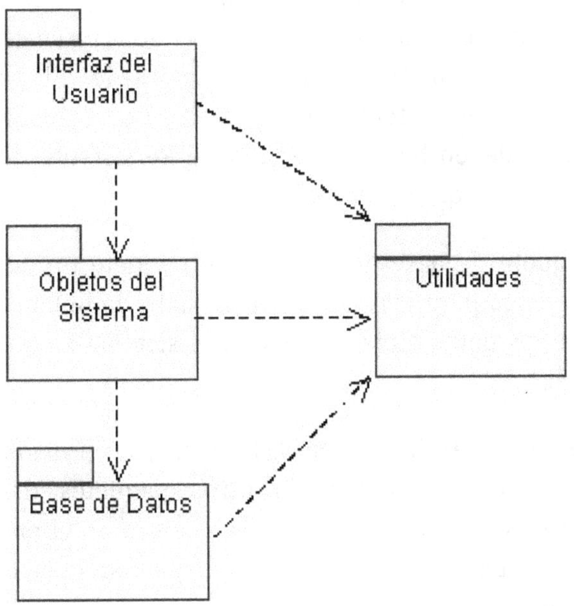

- Paquete de la interfaz de usuarios: Están contenidas las clases para la construcción de la interfaz de usuario, para que puedan acceder e introducir nuevos datos en el sistema. Estas clases se basan en el paquete Java AWT, que es el estándar para la creación de interfaces de Java. Este paquete coopera con el paquete de objetos del sistema, que contiene las clases donde se almacenan los datos. El paquete de interfaz llama operaciones en el paquete de objetos del sistema para acceder e introducir nuevos datos.

- Paquete de objetos del sistema: Este paquete incluye clases básicas, es decir, las clases que se han desarrollado precisamente para el desarrollo funcional del sistema. Estas clases se detallan en el diseño, entonces las operaciones y los métodos son incluidos en su estructura y el soporte para persistencia se añade. El paquete de objetos debe interactuar con la base de datos y todas sus clases deben heredar de la clase Persistente del paquete de base de datos.

- Paquete de base de datos: Este paquete proporciona los servicios para las clases del paquete de objetos haciendo que los datos almacenados en el sistema se graben en el disco.

- Paquete de Utilidades: Esto incluye servicios que son utilizados por todos los otros paquetes del sistema. Actualmente la clase ObjId es la única en el paquete y se utiliza para referirse a objetos persistentes en todo el sistema.

DISEÑO DETALLADO

El propósito del diseño detallado es describir las nuevas clases técnicas del sistema, como las clases de creación de la interfaz, de base de datos y para ampliar y refinar la descripción de las clases de objetos, que ya habían sido definidos en la fase de análisis.

Todo esto se hace con la creación de nuevos diagramas de clases, de estado y dinámicos. Serán los mismos diagramas creados en la fase de análisis, pero en un mayor nivel de detalle técnico.

Las descripciones de casos de uso procedentes de la fase de análisis se utilizan para determinar si están siendo apoyados por los diagramas generados en la fase de diseño, y los diagramas de secuencia se utilizan para ilustrar cómo se aplica técnicamente cada caso de uso en el sistema.

Llegamos a un diagrama de clases más evolucionado con la inclusión de la persistencia.

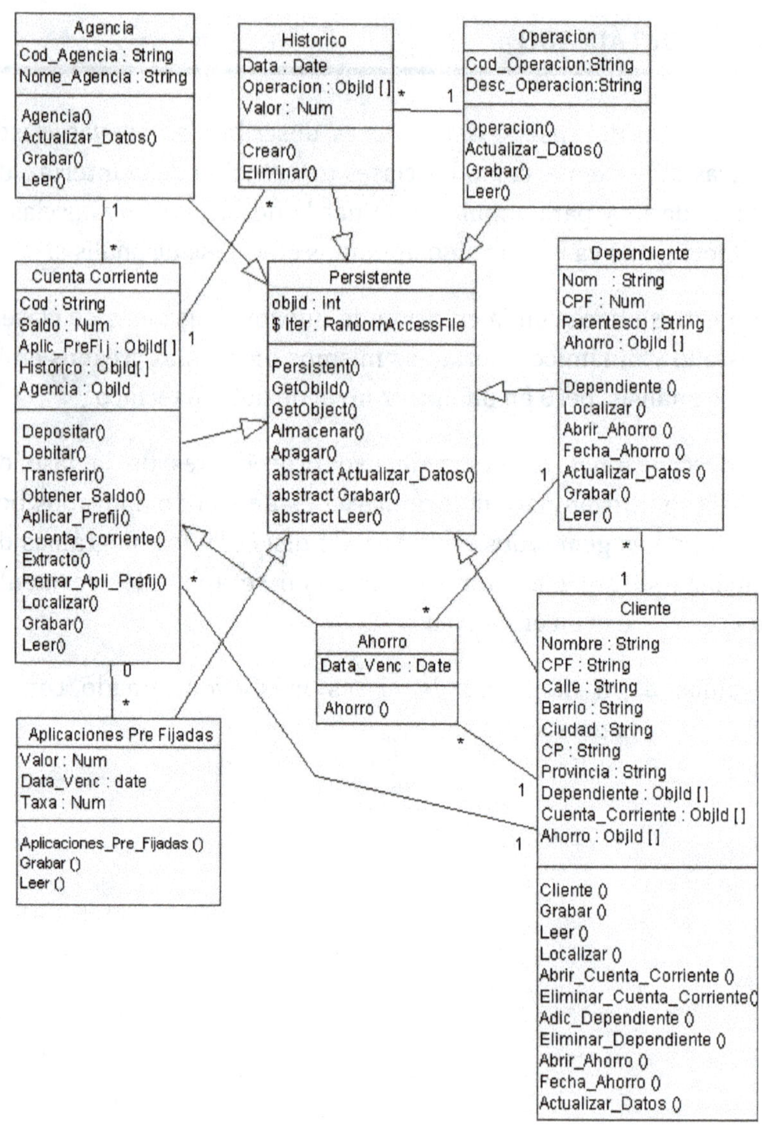
Agencia
Cod_Agencia : String
Nome_Agencia : String
Agencia()
Actualizar_Datos()
Grabar()
Leer()
Historico
Data : Date
Operacion : ObjId []
Valor : Num
Crear()
Eliminar()
Operacion
Cod_Operacion:String
Desc_Operacion:String
Operacion()
Actualizar_Datos()
Grabar()
Leer()
Cuenta Corriente
Cod : String
Saldo : Num
Aplic_PreFij : ObjId[]
Historico : ObjId[]
Agencia : ObjId
Depositar()
Debitar()
Transferir()
Obtener_Saldo()
Aplicar_Prefij()
Cuenta_Corriente()
Extracto()
Retirar_Apli_Prefij()
Localizar()
Grabar()
Leer()
Persistente
objid : int
$ iter : RandomAccessFile
Persistent()
GetObjId()
GetObject()
Almacenar()
Apagar()
abstract Actualizar_Datos()
abstract Grabar()
abstract Leer()
Dependiente
Nom : String
CPF : Num
Parentesco : String
Ahorro : ObjId []
Dependiente ()
Localizar ()
Abrir_Ahorro ()
Fecha_Ahorro ()
Actualizar_Datos ()
Grabar ()
Leer ()
Ahorro
Data_Venc : Date
Ahorro ()
Cliente
Nombre : String
CPF : String
Calle : String
Barrio : String
Ciudad : String
CP : String
Provincia : String
Dependiente : ObjId []
Cuenta_Corriente : ObjId []
Ahorro : ObjId []
Cliente ()
Grabar ()
Leer ()
Localizar ()
Abrir_Cuenta_Corriente ()
Eliminar_Cuenta_Corriente()
Adic_Dependiente ()
Eliminar_Dependiente ()
Abrir_Ahorro ()
Fecha_Ahorro ()
Actualizar_Datos ()
Aplicaciones Pre Fijadas
Valor : Num
Data_Venc : date
Taxa : Num
Aplicaciones_Pre_Fijadas ()
Grabar ()
Leer ()

Generamos diagramas de secuencia para las funciones del sistema, descritas en el diagrama de casos de uso, ya que posee los parámetros para cada mensaje entre los objetos.

El diseño de las ventanas debe ser creado con una herramienta visual de acuerdo a la preferencia de los desarrolladores. Herramientas visuales ya generan el código necesario para crear ventanas. Algunas herramientas ya son compatibles con la adición de controladores de eventos a los eventos desencadenados por los usuarios como clics de botón. El entorno genera un método 'okbutton_Clicked' que se llama cuando se presiona el botón "OK".

La aplicación resultante de la interfaz de usuario es una ventana principal con un menú de opciones. Cada opción elegida en el menú despliega una nueva ventana que será responsable de la recepción de la información del usuario y realizar la función que se proponen hacer.

Implementación

La fase de construcción o implementación es cuando se codifican las clases. Los requisitos que el sistema debe ser capaz de ejecutar en varios tipos de procesadores y sistemas operativos, en este caso el lenguaje elegido fue Java.

Debido a que cada archivo en Java puede contener una y sólo una clase, se puede escribir fácilmente un diagrama de componentes que contienen un mapeo de las clases procedentes de la vista lógica.

Ahora codificamos cada clase del paquete de objetos del sistema, la interfaz, la base de datos y el paquete de utilidades. La codificación debe basarse en modelos desarrollados en las fases de análisis de requisitos, análisis y diseño, específicamente en las especificaciones de clases, diagramas de clases, de estado, dinámicos, de casos de uso y especificación.

Existirán deficiencias en la fase de codificación. La necesidad de la creación de nuevas operaciones y modificaciones en las operaciones ya existentes serán identificadas, lo que significa que el desarrollador tendrá que cambiar sus modelos de la fase de diseño. Esto ocurre en todos los proyectos. Lo que es más importante es que sean sincronizados el modelado de diseño con la codificación, de esta forma los modelos se podrán utilizar como la documentación final del sistema.

Pruebas

La aplicación se debe probar. Hay que comprobar si el programa es compatible con toda la funcionalidad que se ha especificado en la fase de análisis de requisitos con el diagrama de casos de uso. La aplicación también debe ser probada de manera más informal al colocar el sistema en manos de los usuarios.

CONCLUSIÓN

La creación de un lenguaje para la comunidad de desarrolladores en la orientación a objetos era una antigua necesidad. El UML realmente ha incorporado muchas características para dar un lenguaje con una gran extensibilidad.

La organización del modelado en vistas y la división de los diagramas especificando características estáticas y dinámicas hacen que el UML sea fácil de ser usado y que cualquier tipo de comportamiento se puede visualizar en diagramas.

El modelado visual orientado a objetos ahora tiene un patrón, y este patrón es extremadamente simple para ser escrito a mano, siendo robusto para especificar y describir la gran mayoría de las funciones, relaciones y técnicas de desarrollo orientado a objetos que se utilizan hoy en día. Nuevas técnicas surgirán y el UML también estará preparado ya que todo se basa en las ideas básicas de la orientación a objetos.

Sin duda, el UML facilitará a las grandes empresas de desarrollo de software una mayor comunicación y aprovechamiento de los modelos desarrollados por sus diversos analistas que participan en el proceso de producción de software ya que el idioma a ser utilizado por todos será el mismo, poniendo así fin a cualquier problema de interpretación y falta de comprensión de los modelos creados por otros desarrolladores. Los modelos creados hoy en día se podrán analizar fácilmente por las futuras generaciones de desarrolladores terminando con la diversidad de clasificaciones de modelos, el principal obstáculo para el desarrollo de software orientado a objetos.

Los fabricantes de herramientas CASE ahora soportan UML en sus softwares y la fase de codificación serán cada vez más substituida por la generación automática de código realizado por herramientas CASE.

FUNDAMENTOS DE JAVA

LA TECNOLOGÍA JAVA

La tecnología Java se compone de una gama de productos basados en el poder de la red y en la idea de que el software debe ser capaz de ejecutarse en diferentes máquinas, sistemas y dispositivos. Los diferentes dispositivos comprenden: ordenadores, servidores, notebooks, PDA (Palm), teléfonos móviles, TV, frigoríficos y todo lo que sea posible.

Los programas de Java se ejecutan en diferentes entornos a través de un componente llamado la plataforma JVM (Java Virtual Machine) - que es una especie de traductor de instrucciones específicas del código Java para cada sistema y dispositivo.

La tecnología Java se inició en 1995 y desde entonces ha crecido en popularidad hasta convertirse en una plataforma muy estable y madura. La tecnología Java se encuentra en su segunda versión, llamada la plataforma Java 2.

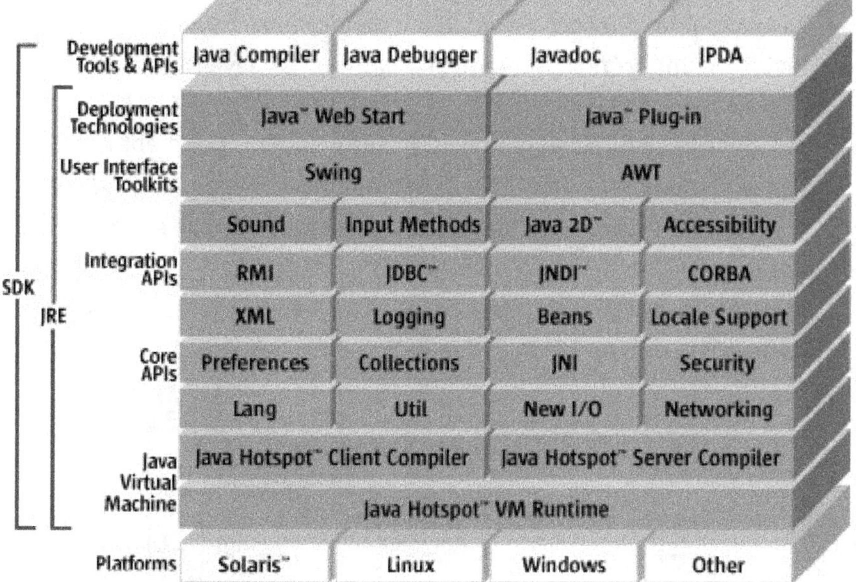

La tecnología Java está, básicamente, subdividida en:

- J2SE (Java2StandardEdition)
- J2EE (Java2EnterpriseEdition)
- J2ME (Java 2 Micro Edition)
- Java Card
- JavaWebServices

El JSE es una plataforma rica que ofrece un entorno completo para el desarrollo de aplicaciones para clientes y servidores. El J2SE también es la base de las tecnologías J2EE y de los servicios web en Java, y se divide en dos grupos conceptuales: Java Core y Java Desktop.

Sun distribuye el JSE como un SDK (Software Development Kit), junto con un JRE (Java Runtime Environment). El paquete viene con herramientas para: la compilación, la depuración, la generación de documentación (javadoc), componentes packer (jar) y JRE, y contiene la JVM y otras aplicaciones necesarias para ejecutar los componentes de Java.

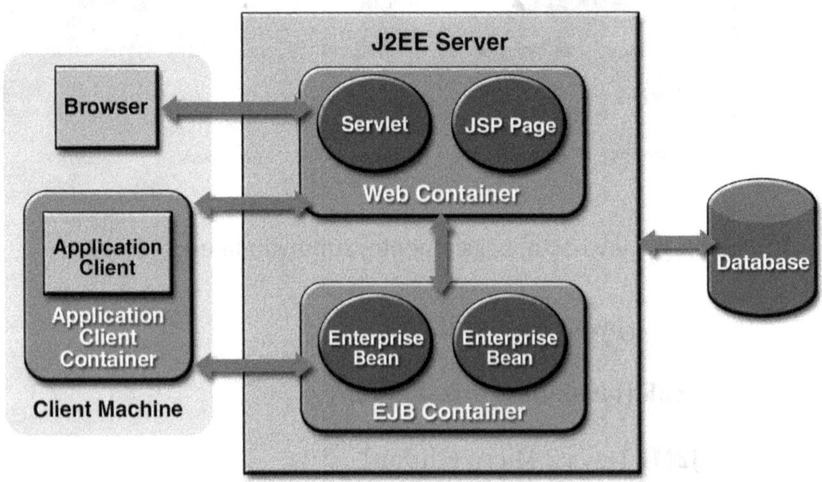

El J2EE es una plataforma que ofrece las siguientes características:

- La tecnología JEE no es un producto, sino una especificación definida por Sun.

- Simplifica las aplicaciones empresariales de múltiples capas.
- Está basado en componentes estándares, modulares y reusables como el EJB, ofreciendo una gama completa de servicios a estos componentes.
- Maneja muchos detalles del comportamiento de la aplicación de forma automática.
- No hay necesidad de volver a aprender a programar, ya que utiliza las mismas características de Java (JSE).
- Se ejecuta en servidores de aplicaciones J2EE diferentes de las estandarizadas por Sun.

La tecnología J2EE va más allá del alcance de este libro.

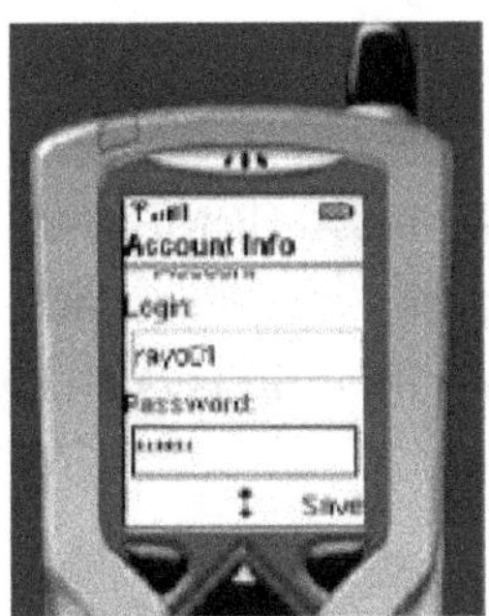

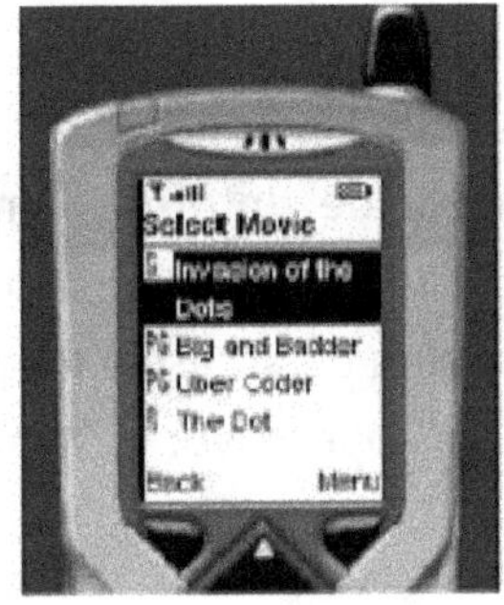

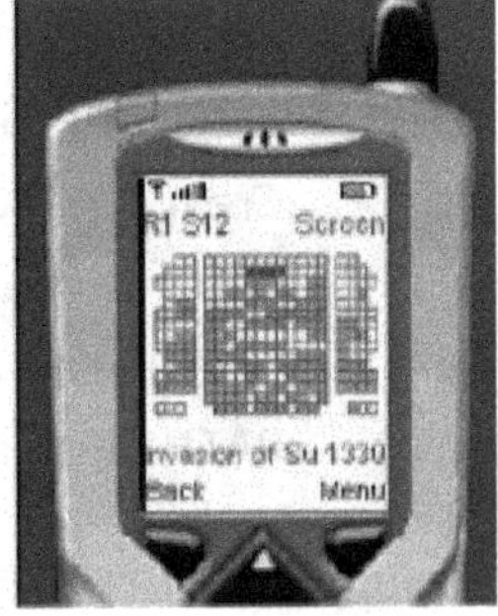

La tecnología J2ME está orientada a las aplicaciones que se ejecutan en dispositivos pequeños como los teléfonos móviles, las PDAs, las tarjetas inteligentes, etc. Esta tiene lo suficiente para completar el desarrollo de aplicaciones para dispositivos pequeños con una API. La tecnología JME va más allá del alcance de este libro.

Los Servicios Web de Java poseen las siguientes características.

- Están basadas en la tecnología XML.
- Se utiliza para intercambiar información por la red.
- Son muy usados por sitios de comercio electrónico.
- Utiliza estándares definidos muy extendidos, como SOAP, ...
- El API JAXP (Java API para XML Processing) proporciona instalaciones para servicios Web.

A continuación vamos a ver como podemos instalar el JDK de Java. Para ello haremos lo siguiente:

- Descargar el JDK para la plataforma (http://java.sun.com).
- Ejecutar el archivo de instalación - es fácil de instalar (Siguiente, Siguiente, Finalizar).
- Crear una variable de entorno llamada JAVA_HOME, que debería guardar la ruta del directorio donde está instalado Java y agregar la ruta de acceso a los programas de Java en el PATH de su sistema operativo:

Windows:

SET JAVA_HOME = C:\ jdk1.5.0 SET PATH =% PATH%;% JAVA_HOME%\bin

En Linux:

export JAVA_HOME = /usr/java/jdk1.5.0

export PATH = $ PATH:% JAVA_HOME%/bin

Los programas de Java, cuando se compilan, se convierten en un código intermedio (bytecode), el cual se comprueba, se carga en la memoria y luego es interpretado por la JVM (Java Virtual Machine). Java no genera ejecutables, ni código nativo para el sistema operativo. A continuación vamos a ver un ejemplo:

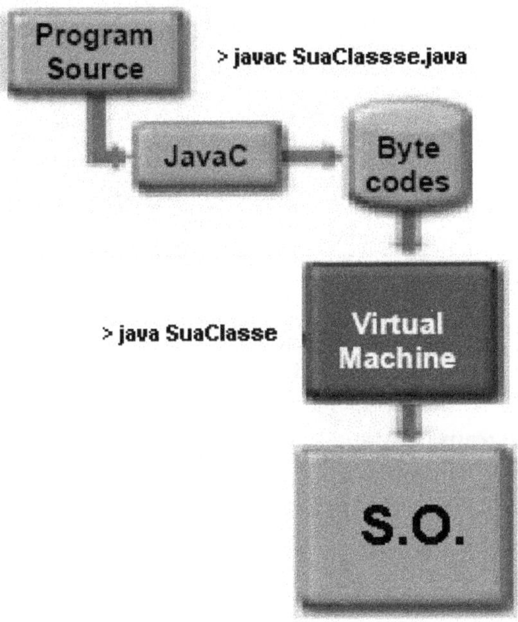

Archivo: PrimerPrograma.java

public class PrimerPrograma {

public static void main(String[] args) {

System.out.println("Mi primer programa en Java");

}

}

Todos los programas empiezan con el método main(), que es el punto de partida.

Compilar el código fuente:

javac PrimerPrograma.java

Ejecutar el programa:

java PrimerPrograma

Salida generada:

Mi primer programa en Java

MI PRIMER PROGRAMA EN JAVA

La firma del método main () es el punto de partida de un programa Java y se debe hacer de la siguiente manera:

public static void main (String [] args) {}

El parámetro que se pasa al método main () es una matriz de cadenas que contiene los valores de los argumentos pasados en la línea de comandos del programa. Como por ejemplo:

java PrimerPrograma argumento1 argumento2 argumento3

Cada palabra pasada como argumento es un elemento del array, parámetro del main ().

Los comentarios en Java pueden ser en una línea o en bloque:

Por línea:

/ / Esto es un comentario y comienza con dos barras.

En bloque:

/ * Los comentarios en bloque aceptan varias líneas

No usar comentarios anidados

*** /**

En Java, una variable debe:

- Ser declarada antes de ser utilizada
- Tener un tipo definido (el tipo no puede cambiar)
- Inicializar el valor de la variable antes de usarla

- Ser utilizado dentro del ámbito de aplicación (método o bloque)

Declaración: <tipo da variable> <nombre da variable>;

Declaración y atribución: <tipo> <nombre> = <valor>;

Tipo	*Tamanho (bits)*	*Valor Mínimo*	*Valor Máximo*	*Sem Sinal*
boolean	1	false	true	X
char	16	0	2^{16} - 1	X
byte	8	-2^{7}	2^{7} - 1	
short	16	-2^{15}	2^{15} - 1	
int	32	-2^{31}	2^{31} - 1	
long	64	-2^{63}	2^{63} - 1	
float	32			
double	64			

A continuación veamos unos ejemplos de uso de las variables:

public class TiposPrimitivos {

public static void main(String[] args) {

//declara un int y atribuye un valor

int edad = 25;

//declara un float y, después, atribuye un valor

```
float valor;
valor = 1.99f;
//declarando un boolean
boolean verdaderoOFalso = false;
verdaderoOFalso = true;
//declarando un char
char letraA = 'A';
letraA = 65; //valor ASCII para 'A'
letraA = '\u0041'; //valor Unicode para 'A'
//declarando un byte
byte b = 127;
//declarando un short
short s = 1024;
//declarando un long
long l = 1234567890;
```

```
//declarando un double

double d = 100.0;

//declaración múltiple

int var1=0, var2=1, var3=2, var4;

}

}
```

LOS STRINGS

El String es una clase que maneja las cadenas de caracteres. La clase String tiene métodos para poder realizar dichas manipulaciones, y trabaja con pools de strings para ahorrar memoria. Veamos un ejemplo de un string:

```
String str = "Esto es un String de Java";

String xyz = new String("Esto es una String de Java");

if( str == xyz ) System.out.println("IGUAL");

else System.out.println("DIFERENTE");

if( str.equals( xyz ) ) {
```

//MANERA CORRECTA DE COMPARAR EL CONTENIDO DE LOS STRINGS

}

System.out.println("Tamaño del String: " + str.length());

System.out.println("SubString: " + str.substring(0, 10));

System.out.println("Caracter en la posición 5: " + str.charAt(5));

Otros métodos útiles de la clase String:

String str = "Esto es un String de Java";

// El método split rompe el String

// por el separador deseado

String[] palabras = str.split(" ");

int i = str.indexOf("una"); //retorna el índice de la palabra en el String

if(str.startsWith("Hola") || str.endsWith("Mundo!")) {

// comprueba al comienzo y al final del String - retorna boolean

}

str = str.trim(); // elimina los espacios en blanco al inicio y al final

str = str.replace('a','@'); // sustituye los caracteres

// sustituye una palabra (usa expresiones regulares)

str = str.replaceAll("String","Cadena de caracteres");

VALORES LITERALES

Un valor literal se especifica en el propio código.

El literal puede ser:

boolean:

true e false

entero:

10, 0x10, 010 (decimal, hexadecimal y octal, respectivamente) puntoflotante:

1.99, 2.55f, 10.99d, 4.23E+21 (double, float, double y notación científica, respectiv.)

Caracteres de escape del tipo char:

'\n' – rompe la línea

'\r' – retorno de Coche

'\t' – tabulación

'\\' – barra invertida

'\b' – backspace

'\f' – form feed

'\'' – aspa simple

'\”' – aspa dupla

char:

'A', '\u0041', 65 (carácter ascii, código Unicode e código ascii, respectivamente)

String:

String str = “Esto es un literal String”;

LAS PALABRAS RESERVADAS

Java tiene 53 palabras clave y palabras reservadas:

1. abstract
2. class
3. extends
4. implements
5. null
6. strictfp
7. true
8. assert
9. const
10. false
11. import
12. package
13. super
14. try
15. boolean
16. continue
17. final
18. instanceof
19. private
20. switch
21. void
22. break
23. default
24. finally
25. int

26. protected
27. synchronized
28. volatile
29. byte
30. do
31. float
32. interface
33. public
34. this
35. while
36. case
37. double
38. for
39. long
40. return
41. throw
42. catch
43. else
44. goto
45. native
46. short
47. throws
48. char
49. enum
50. if
51. new
52. static
53. transient

Ninguna de las palabras anteriores se pueden utilizar como identificadores (nombres de variables, atributos, clases), o para otro propósito. Palabras Goto y const, aunque son palabras reservadas, no tienen ninguna utilidad en Java.

LOS IDENTIFICADORES

Las reglas para nombrar a los identificadores (variables, nombres de funciones, clases o de etiquetas) suelen seguir las siguientes reglas:

- Los nombres deben comenzar con letra o con los caracteres _ o $
- Los caracteres siguientes pueden contener números, letras o $ _

Veamos varios ejemplos de nombres de identificadores:

valor // válido

$precio // válido

20items // NO válido

_prueba // válido

INT // válido

Nota: Java distingue mayúsculas y minúsculas.

Los Operadores

Ahora veremos los operadores del lenguaje Java, que añaden funcionalidad importante a los programas. Tienen un orden de prioridad en la ejecución de la expresión. Para garantizar el orden deseado de precedencia, expresiones de grupo con paréntesis.

Incremento y Decremento: ++ y --

int a = 0;

int b = a++; // incrementado después de atribuir

int c = ++a; // incrementado antes de atribuir

b = a--; // decrementado después de atribuir

c = --a; // decrementado antes de atribuir

Más y Menos Unario: + y –

int x = +3; // x recibe el positivo 3

x = -x; // x recibe -3, en este caso

Inversión de Bits: ~

int i = ~1; // i = -2 (los bits fueron invertidos)

Complementar booleano: !

boolean falso = ! (true); // invierte el valor booleano

Conversióno de Tipos: (tipo)

double d = 1.99;

int i = (int) d; // convierte de double para int (pérdida de precisión)

Multiplicación e División: * y /

int uno = 3 / 2; // la división de enteros genera un entero

Módulo: %

int resto = 7 % 2; // resto = 1

Adición y Sustracción: + y –

long l = 1000 + 4000;

double d = 1.0 – 0.01;

Concatenación:

long var = 12345;

String str = “El valor de var es “ + var;

En la concatenación de Strings, las variables o literales son promovidos a String:

String str = “El valor de var es “ + Long.toString(var);

```
Desplazamiento Derecha  >>
        Número: 192
        Binário:                  |00000000|00000000|00000000|11000000|
        Right Shift de 1 bit:     |00000000|00000000|00000000|01100000|     int i = 192 >> 1
        Right Shift de 7 bits:    |00000000|00000000|00000000|00000001|     int i = 192 >> 7
        Número: -192
        Binário:                  |11111111|11111111|11111111|01000000|
        Right Shift de 1 bit:     |11111111|11111111|11111111|10100000|     int i = -192 >> 1
        Right Shift de 7 bits:    |11111111|11111111|11111111|11111110|     int i = -192 >> 7

Desplazamiento Izquierda    <<
        Número: 192
        Binário:                  |00000000|00000000|00000000|11000000|
        Left Shift de 1 bit:      |00000000|00000000|00000001|10000000|     int i = 192 << 1
        Left Shift de 7 bits:     |00000000|00000000|01100000|00000000|     int i = 192 << 7
        Número: -192
        Binário:                  |11111111|11111111|11111111|01000000|
        Left Shift de 1 bit:      |11111111|11111111|11111110|10000000|     int i = -192 << 1
        Left Shift de 7 bits:     |11111111|11111111|10100000|00000000|     int i = -192 << 7

Desplazamiento Derecha, sin Signo : >>>
        Número: 192
        Binário:                  |00000000|00000000|00000000|11000000|
        Right Shift de 1 bit:     |00000000|00000000|00000000|01100000|     int i = 192 >>> 1
        Right Shift de 7 bits:    |00000000|00000000|00000000|00000001|     int i = 192 >>> 7
        Número: -192
        Binário:                  |11111111|11111111|11111111|01000000|
        Right Shift de 1 bit:     |01111111|11111111|11111111|10100000|     int i = -192 >>> 1
        Right Shift de 7 bits:    |00000001|11111111|11111111|11111110|     int i = -192 >>> 7
```

Comparación ordinal: >, >=, < y <=

Compara tipos primitivos numéricos y de tipo char.

boolean b = (10 < 3);

boolean w = (x <= y);

if(x >= y) { }

Operador instanceof

Compara el tipo de clase de una referencia de un objeto.

String str = "Un String";

if(str instanceof String) { } // true

if(srt instanceof Object) { } // true

Comparación de Igualdad: == y !=

Compara tipos primitivos, valores literales y referencias de objetos.

if(abc == 10) { }

boolean b = (xyz != 50);

if(refObj1 == refObj2) { }

Números Enteros:

Operando A: 1

Operando B: 3

Binario de A: 00000001

Binario de B: 00000011

Booleanos:

true & true = true

true & false = false

true ^ true = false

true ^ false = true

false | false = false

false | true = true

Estos operadores no tienen que comprobar toda expresión. Se detiene cuando una de las condiciones se cumple. La expresión de retorno es un valor lógico

```
if( (a>10) && (b<5) ) {

// un código

}

if( (x==y) || (b<5) ) {
```

```
// otro código

}

boolean b = x && y || z;
```

También se conoce como operador ternario, ya que funciona con 3 operandos. Se evalúa el primer operando. Si la evaluación devuelve true, se ejecuta el segundo operando. De lo contrario, se ejecuta el tercer operando. El segundo y tercer operando deben ser del mismo tipo (si no, use un cast).

Veamos el código de un operador ternario:

```
int x = 10;

int y = (x > 10) ? x : x+1;
```

Este código es similar al que vemos a continuación:

```
int x = 10;

int y;

if( x > 10 ) {

y = x;

} else {
```

y = x + 1;

}

Estos operadores asignan un nuevo valor a una variable o expresión. El operador = asigna sólo un valor. Los operadores + =, - =, * = y / = calculan y asignan un nuevo valor.

int i = 10;

int dos = 1;

dos += 1; // dos = dos + 1;

int cinco = 7;

cinco -= 2; // cinco = cinco - 2;

int diez = 5;

diez *= 2; // diez = diez * 2;

int cuatro = 12;

cuatro /= 3; // cuatro = cuatro / 3;

Java permite la conversión entre diferentes tipos, debe ser explícito cuando esta conversión se realiza de un tipo mayor a uno menor (narrowing), puede ser implícito o explícito cuando la conversión se realiza de un tipo menor a uno mayor (widening). La conversión de tipos mayores hacia tipos más pequeños pueden causar una pérdida de precisión y truncamiento.

double d = 1.99d;

int i = (int) d; // i recibe el valor 1

short s = 15;

long x = s; // conversión widening

long y = (long) s; // no es necesario

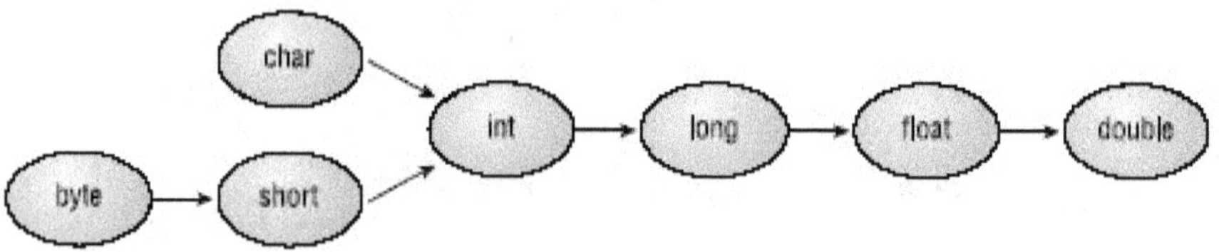

El widening sigue el sentido de las flechas. El narrowing es al revés. Esto ocurre con las operaciones aritméticas entre diferentes tipos primitivos numéricos. El tipo más pequeño se convierte automáticamente al tipo más grande.

public class PromocionMatematica {

public static void main(String[] args) {

double d = 100.99;

```
int i = 100;

//aqui sucede la promoción matemática

//i es convertido a double y luego es multiplicado

d = d * i;

//al contrario es necesario informar al casting

long x = 12345;

float pi = 3.14f;

x = x * (long) pi;

// después, simplemente convierte el resultado

x = (long) (x * pi);

}

}
```

La cláusula if () / else

```
public class ClausulaIf {

public static void main( String[] args ) {

int edad = 20;

if( edad <= 12 ) {

System.out.println( "Niño" );

}

if( edad > 12 && edad <= 19 ) {

System.out.println( "Adolescente" );

}

if( edad > 19 && edad <= 60 ) {

System.out.println( "Adulto" );

}

if( edad > 60 ){
```

```
System.out.println( "Abuelo" );

}

}

}
```

La cláusula if () / else (con otros operadores)

```
public class ClausulaIf {

public static void main( String[] args ) {

int edad = 20;

if( edad <= 12 ) {

System.out.println( "Criança" );

}

else if( edad <= 19 ) {

System.out.println( "Adolescente" );

}

else if( edad <= 60 ) {
```

```
System.out.println( "Adulto" );

}

else {

System.out.println( "Idoso" );

}

}

}
```

La cláusula Switch()

```
public class ClausulaSwitch {

public static void main( String[] args ) {

int numero = 1;

switch( numero ) {

case 1 :

System.out.println( "UN" );

break;
```

```
case 2 :

System.out.println( "DOS" );

break;

case 3 :

System.out.println( "TRES" );

break;

default :

System.out.println( "NINGUNO" );

break;

}

}

}
```

La cláusula Switch recibe un argumento int.

Bucle While()

```
Public class BucleWhile {
```

```
public static void main( String[] args ) {

int i = 0;

//bucle while() con un bloque de código definido

while( i < 10 ) {

System.out.println( "Línea: " + i );

i++;

}

}

}
```

La expresión se evalúa antes de ejecutar el bloque de código y se repite mientras la expresión es verdadera (true).

Los Bucles

El Bucle do / while ()

```
public class BucleWhile {

public static void main( String[] args ) {

int i = 0;
```

```
//bucle do / while() con el bloque de código definido

do {

System.out.println( "Linea: " + i );

i++;

} while( i < 10 );

}

}
```

El bloque se ejecuta al menos una vez, la expresión se evalúa la expresión después de la primera repetición.

El Bucle for ()

```
for( iniciación; condición; incremento ) {

bloque_de_código_a_ejecutar

}

public class BucleFor {

public static void main( String[] args ) {
```

```
for( int i=0; i < 10; i++ ) {

System.out.println( "Linea: " + i );

}

}

}
```

Bucle for () avanzado (Enhanced Loop)

Se definió desde Java 5, con el fin de facilitarle la vida al desarrollador, mediante el ahorro de código, evitando así, errores al atravesar matrices y colecciones (implementaciones java.util.Collection). Es similar al for each () de otras tecnologías. No puede controlar el índice utilizado por el for(), pero usted puede subsanar este problema.

```
public class BucleForAvanzado {

public static void main( String[] args ) {

for( String s : args ) {

System.out.println("Argumento: " + s );

}
```

```
List lista = new ArrayList();

}

// añade elementos a la lista

} for( String s : lista ) {

System.out.println( s );

}
```

La cláusula Break

Aborta la ejecución de un bucle cuando se está ejecutando.

```
public class ClausulaBreak {

public static void main( String[] args ) {

char letras[] = { 'A', 'B', 'C', 'D', 'E' };

int i;

for( i=0; i<letras.length; i++ ) {

if( letras[i] == 'C' ) {

break;
```

```
}
}
System.out.println( "Último índice: " + i );
}
}
```

La cláusula Break Etiquetada

Aborta la ejecución de un bucle etiquetado cuando se ejecuta.

```
int j = 0, i = 0;
principal1: while( true ) {
for( i=0; i<1000; i++ ) {
if( j == 10 && i == 100 )
break principal1;
}
j++;
}
```

La cláusula continue

Omite la ejecución del siguiente bloque de comandos, en el bucle, cuando se está ejecutando.

```
public class ClausulaContinue {

public static void main( String[] args ) {

char letras[] = { 'B', 'X', 'R', 'A', 'S', 'I', 'L' };

int i;

for( i=0; i<letras.length; i++ ) {

if( letras[i] == 'X' ) {

continue;

}

System.out.print( letras[i] );

}

}

}
```

La cláusula continue Etiquetada

Omite la ejecución del siguiente bloque de comandos, el bucle etiquetado, cuando se está ejecutando.

```
int i=0, j=0;

principal2: for( j=1; j<10; j++ ) {

for( i=1; i<10; i++ ) {

if( (i % j) == 0 ) {

System.out.println( "i=" + i + " j=" + j );

continue principal2;

}

}

j++;

}
```

La Programación Orientada a Objetos en Java

El paradigma de la programación Orientación a Objetos es un mecanismo que ayuda a definir la estructura de los programas, sobre la base de conceptos del mundo real, ya sea real o abstracta.

La Orientación a objetos le permite crear programas en componentes, separando las partes del sistema por responsabiledades y haciendo que estas partes se comuniquen entre sí a través de mensajes.

Los conceptos de OO implican: Clases, objetos y sus relaciones, herencia y polimorfismo. Entre las ventajas que ofrece la OO, podemos destacar el aumento de la productividad, la reutilización de código, la reducción de líneas de código de separación de responsabiledades, la encapsulación, el polimorfismo, los componentes, el aumento de la flexibilidad del sistema, entre otros beneficios.

Los sistemas OO pueden ser modelados con la ayuda de UML (Lenguaje de Modelado Unificado). El UML es un lenguaje de modelado para especificar, modelar, visualizar y documentar los sistemas orientados a objetos y no OO, basados en diagramas. UML se compone de:

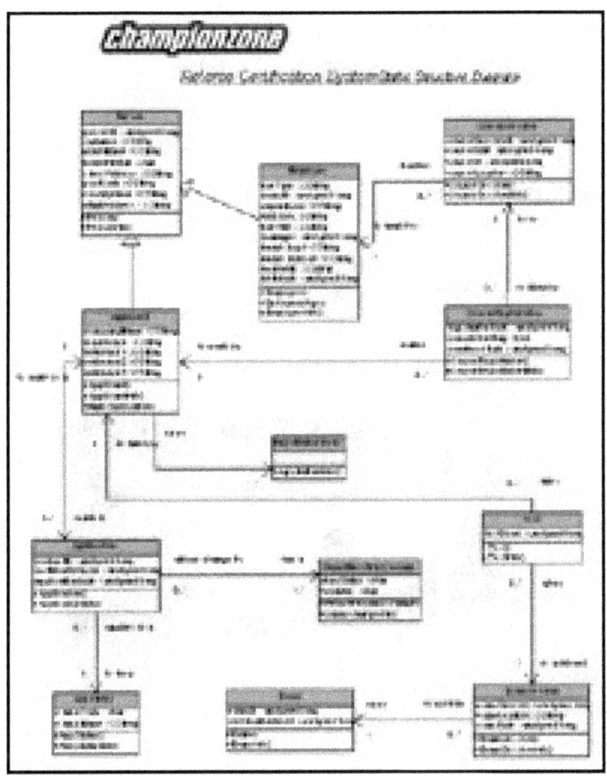

- Diagrama de Secuencia
- Diagrama de Clase
- Diagrama de Objetos
- Diagrama de Casos de Uso
- .... otros ....

Una clase no es más que una descripción de un conjunto de entedades (reales o abstractas) del mismo tipo y con las mismas características y comportamientos. Las clases definen la estructura y el comportamiento de los objetos de un tipo particular. Podemos decir que las clases son en realidad modelos de objetos del mismo tipo.

Propiedades: (mundo real)

- Modelo
- Color
- Motor

Comportamiento: (modelo UML)

- Embragar
- Desembragar
- Cambiar de marcha
- Acelerar
- Frenar

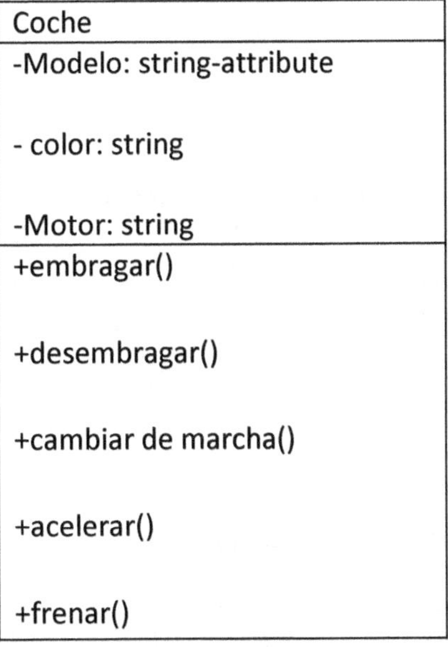

Coche
-Modelo: string-attribute
- color: string
-Motor: string
+embragar()
+desembragar()
+cambiar de marcha()
+acelerar()
+frenar()

Ahora veremos el código Java de la clase coche, definida por el modelo UML, intentado llevar el modelo UML al mundo real.

```
public class Coche {

String cor;

String modelo;

String motor;

void ligar() {

System.out.println( "Embragando el coche" );
```

```
}

void desembragar() {

System.out.println( "Desembragando el coche" );

./ declaración de la clase

}

void acelerar() {

System.out.println( "Acelerando el coche" );

}

void frenar() {

System.out.println( "Frenando el coche" );

}

void cambiarMarcha() {

System.out.println( "Cambiando la marcha" );

}

}
```

En este código definimos:

- Declaración de las clases
- Declaración de los atributos
- Declaración de los métodos

El Archivo: Coche.java, este archivo con el código fuente siempre tendrá el nombre de la clase, seguido de la extensión .java.

Los Objetos

Un objeto no es más que un caso particular de un tipo de datos específico (clase), es decir, en otras palabras, el objeto es una entidad, del mundo de la informática, que representa a una entidad del mundo real específicamente. El objeto creado se almacena en un área de memoria llamada heap.

Los objetos tienen:

- Estado (atributos / propiedades)
- Comportamiento (métodos / acciones)
- Identidad (cada objeto es único)

Los objetos se comunican entre sí por medio de mensajes y deben tener su responsabilidad bien definida en el sistema.

Para poder crear una instancia (objeto) de una clase podemos hacer como vemos a continuación:

Coche MiCoche = new Coche ();

Donde podemos ver la declaración de la variable que va a guardar una referencia al objeto Coche, luego se crea la instancia del Coche para el objeto de tipo Coche.

Las variables no guardan los objetos, sino que solamente guardan una referencia en el área de memoria en la que se asignan los objetos. Si creamos dos instancias de la clase Coche y asignamos a cada instancia variables diferentes, como vemos a continuación:

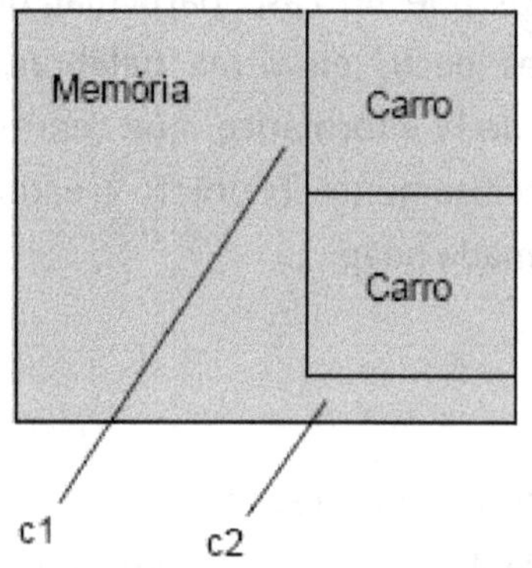

Coche c1 = new Coche( );

Coche c2 = new Coche( );

Ahora imagine dos variables diferentes, c1 yc2, ambas haciendo referencia al mismo objeto. Ahora tendríamos un escenario así:

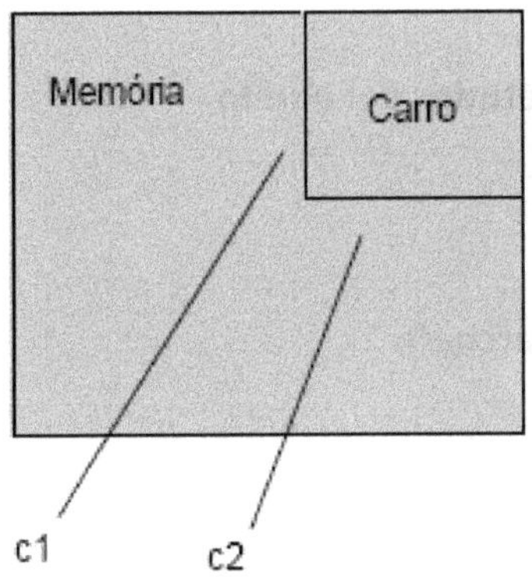

Coche c1 = new Coche( );

Coche c2 = c1;

Utilización de la clase Coche:

class EjemploCoche {

public static void main(String[] args) {

//creando una instancia de la clase Coche

Coche unCoche = new Coche();

//asignando los valores de los atributos

unCoche.modelo = "Golf";

```
unCoche.cor = "blanco";

unCoche.motor = "1.6";

//ejecutando los métodos del objeto

unCoche.embragar();

unCoche.cambiarMarcha();

unCoche.acelerar();

unCoche.frenar();

unCoche.desembragar();

//asignando null a la variable y le dice que ahora

//esta no apunta para ningún lugar

unCoche = null;

}

}
```

Los objetos que ya no son referenciados, son recogidos por el Garbage Collector. El recolector de basura libera la memoria que ya no está en uso. Un objeto que pierde su referencia es elegido para ser recogido, pero no se recoge de forma automática en ese momento.

Cuando un objeto se convierte en elegible por el Garbage Collector:

/ / Objeto creado en memoria

MiObjeto obj = new MiObjeto ();

/ / Referencia Perdida - elegido para ser recogidos por GC

obj = null;

Para forzar la ejecución del recolector de basura:

System.gc ();

Sin embargo, esto no garantiza que el Garbage Collector se ejecutará en ese momento, o que se recojan los objetos sin referencias.

PACKAGE

Los packages (paquetes) sirven para organizar y agrupar las clases por su funcionalidad. Los paquetes se dividen en una estructura de directorio.

package miprograma.utiles;

```
public class ValidacionDNI {

//...

}

package miprograma.registro;

public class RegistroUsuario {

//...

}
```

Import

La importación la utilizamos para declarar que vamos a utilizar las clases de otro paquete. Es similar al include de otros lenguajes, como C/C++, por ejemplo.

```
package miprograma.registro;

import miprograma.utiles.ValidacionDNI;

import java.sql.*; //importa clases JDBC

public class RegistroUsuario { }
```

```
//... }
public void registrar( Usuario u ) {
//...
if( ValidacionDNI.validar( u.dni ) ) {
registrar( u );
} else {
throw new Exception("DNI No válido");
}
//...
}
}
```

```
package miprograma.utiles;
public class ValidacionDNI {
public static boolean
```

```
validar (String dni) {

//hacer la validación

}

}
```

IMPORT ESTÁTICO

Desde Java 5 es posible hacer el import estático, es decir, para importar sólo en los métodos o atributos estáticos que ofrece una clase, y usarlos como si fueran métodos locales o atributos de la clase.

```
import static java.lang.Math.*;

public class PruebaImportEstatico {

public static void main(String[] args) {

double d = sen(1);

// El método sen() pertenece

// a la clase Math

}
```

```
}

import static java.lang.Math.PI;

public class Calculos {

public double areaCircunferencia(double r) {

return PI * r * r;

}

}
```

Lo importante a destacar es que las clases tienen un nombre y un nombre completo (o fully qualified name). El nombre de la clase es aquella informada en definición de la clase. Por ejjemplo: public class MiClase {}

En este caso el nombre de la clase es MiClase. El nombre completo de la clase incluye el nombre de la clase en toda su jerarquía de paquetes a las que pertenece. Por ejemplo:

```
package mi.paquete;

public class MiClase { }
```

En este caso, el nombre completo de la clase es mi.paquete.miClase.

LOS ATRIBUTOS

Los atributos de una clase varían de acuerdo con el alcance del objeto. Son accesibles y están disponibles mientras el objeto esté disponible. Los atributos se inicializan durante la creación del objeto. Durante la creación de los atributos del objeto:

- Los tipos primitivos numéricos reciben el 0 (cero) en la iniciación;
- El tipo char recibe el valor '\ u0000';
- El tipo boolean recibe false;
- Los objetos de referencia reciben null en la iniciación.

Sin embargo, los atributos pueden tener asignado un valor predeterminado definido en su declaración, como en el código que vemos a continuación:

```
class UnaClase {

String valorInicial = "un valor cualquiera";

int i = 1000;

}
```

Los atributos estáticos no necesitan una instancia de la clase para poder ser usados. Estos son compartidos por todas las instancias de la clase y no son thread-safe.

```
class Contador {

static int count = 0;

void incrementar() {

count++;

}

}

public static void main( String[] args ) {

Contador c = new Contador();

c.incrementar();

System.out.println( Contador.count );

Contador.count++;

System.out.println( c.count );

}
```

LAS CONSTANTES

Las constantes son atributos de una clase que no modifican el valor. El modificador final indica que el atributo es inmutable.

```
public class Matematica {

static final double PI = 3.14159265;

static double areaCircunferencia( double r ) {

return PI * r * r;

}

static double perimetroCircunferencia( double r ) {

return PI * r;

}

}
```

Los métodos

La utilidad de los métodos es separar, en piezas más pequeñas de códigos, una función particular.

Es aconsejable crear y mantener métodos pequeños, siguiendo una regla básica: Si el método tiene un scroll en la pantalla, mejor dividirlo en métodos más pequeños. Esto hace que sea fácil de leer y entender el código y también de mantenerlo.

Reglas para crear métodos:

- Ser muy claro y tener una función bien definida
- Ser pequeño y fácil de entender
- Ser reutilizables al máximo

La sintaxis para la declaración del método es el siguiente:

<tipo de retorno> <nombre del método>([lista de los atributos]) {

// implementación del método

}

El tipo de retorno dice que tipo de datos devuelve el método. Puede ser un tipo primitivo o un tipo de una clase. Si el método no devuelve nada, debe ser void. El nombre del método puede ser cualquiera.

Pero mejor seguir las normas de denominación y dar nombres significativos, preferiblemente verbos en infinitivo.

La lista de atributos no necesita que se le informe si no se pasa ningún argumento. Si es así, los argumentos deben ser informados con su tipo y nombre, separados por comas si hay más de uno.

La palabra reservada return provoca el retorno del método. Cuando los métodos se declaran con el tipo de retorno void, a continuación, el método no puede y no debe devolver nada. Los métodos que devuelven algún valor, deben devolver el tipo de datos de retorno declarado o tipos compatibles. Veamos el ejemplo:

```
public class PruebaRetorno {

public void noRetornaNada() {

int i = (int)(Math.random() * 100);

if( i > 50 ) {

return; //aborta el método

}

System.out.println("OK");

}

int sunAr( int a, int b ) {
```

```
return a + b;

}

Coche crearUnCoche() {

Coche c = new Coche();

c.modelo = "Ferrari";

c.color = "Rojo";

c.motor = "5.0 V12";

return c;

}

}


public class DeclaracionDeMetodo {

public static void main( String[] args ) {

DeclaracionDeMetodo dm = new DeclaracionDeMetodo();

dm.hacerAlgo();
```

```
dm.imprimirEnLaPantalla( "Rubén" );

int soma = dm.sunAr( 2, 3 );

Coche miCoche = dm.crearUnCoche();

}

void hacerAlgo() {

//este método no hace nada

}

void imprimirEnLaPantalla( String nombre ) {

System.out.println( "Mi nombre es " + nombre );

}

int sunAr( int a, int b ) {

return a + b;

}

Coche crearUmCoche() {

Coche c = new Coche();
```

```
c.modelo = "Ferrari";
c.color = "Rojo";
c.motor = "5.0 V12";
return c;
}
}
```

Los métodos estáticos no necesitan de una instancia de clase para poder ser usados. Los métodos estáticos pueden llamar a métodos no-estáticos sin una instancia. Los métodos estáticos no son thread-safe.

```
class MetodoEstatico {
public static void main( String[] args ) {
MetodoEstatico me = new MetodoEstatico();
me.metodoNoEstatico();
me.metodoEstatico();
MetodoEstatico.metodoEstatico();
```

```
metodoEstatico();

}

static void metodoEstatico() {

//metodoNoEstatico(); //ERRADO

// (new MetodoEstatico()).metodoNoEstatico(); //OK

}

void metodoNoEstatico() {

metodoEstatico(); //OK

}

}
```

Los constructores

Los constructores no son los métodos, son los constructores. Estos hacen la función de inicio (arranque) del objeto creado. Si no se declara ningún constructor, se creará un constructor por defecto. Se pueden declarar varios constructores, lo que se llama sobrecarga.

```
public class MiClase {

//sin constructor default

}

public class MiClase {

public MiClase() {

//Constructor Default

}

}

public class NumeroFiscal {

private int numero;

public NumeroFiscal() {

//Constructor Default

this( nuevoNumero() );

}

public NumeroFiscal( int numero ) {
```

```
this.numero = numero;
}
public int nuevoNumero() {
int i;
//gera nuevo numero em i
return i;
}
}
```

A continuación veremos el uso de los diferentes constructores:

```
public class Venta {
public Venta() {
//Constructor Default
}
public void fecharVenta() {
//crea un número NF con un número generado
```

```
NumeroFiscal nf = new NumeroFiscal();

//crea un NF con un número definido

NumeroFiscal nf2 = new NumeroFiscal( 12345 );

}

}
```

PASAR PARÁMETROS EN JAVA

El paso de parámetros en Java, es por valor (no tiene por referencia), los parámetros modificados dentro de un método no serán modificados fuera de este. El objeto que se pasa como parámetro sólo pasa una copia de la referencia del objeto. La referencia modificada dentro del método no se refleja fuera de ella. La modificación en el estado de un objeto como parámetro, cambiar su condición fuera de este.

```
Coche miCoche = new Coche( );

miCoche.modelo = "Arosa";

miCoche.color = "Rojo";

miCoche.motor = "1.0 16v";
```

```
System.out.println( miCoche.modelo );

realidad( miCoche );

System.out.println( miCoche.modelo );

suenio( miCoche );

System.out.println( miCoche.modelo );

void realidad( Coche c ) {

// yo quiero que esto cambie, pero no cambia!

// c nunca será modificado fuera del método

Coche c2 = new Coche( );

c2.modelo = "Ferrari";

c2.cor = "Rojo";

c2.motor = "4.0";

c = c2;

}
```

```
void suenio( Coche c ) {

// aquí modificamos el estado de los objetos y

// refleja fuera del método, pero es solo un sueño

c.modelo = "Ferrari";

c.color = "Rojo";

c.motor = "4.0";

}
```

Volviendo a la cuestión del paso por valor de tipos primitivos:

Se usan los arrays (el array es un objeto)

```
//...

int[ ] i = { 1 };

modificar( i );

//...

void modificar( int[ ] i ) {

i[0] = 1234567890;
```

}

En el Java 5 fue introdujo el Vargars, que permite el paso de un número variable de argumentos en un método. Dentro del método, los argumentos variables se tratan como matrices del tipo en el que fueron definidos. En el caso de los ejemplos de a continuación, veremos una matriz de int (int []) o String.

Esta característica facilita el trabajo del desarrollador de tener que crear matrices con valores y pasar métodos.

```
void metodo( int... args ) {

for( int i : args ) {

System.out.println( i );

}

}



void nuevoMetodo( long i, String... args ) {

for( int s : args ) {

System.out.println( s );

}
```

```
}
```

La visibilidad

La visibilidad determina el acceso de los miembros (atributos y métodos) sobre la clase y la propia clase. Debe ser utilizado en la declaración de los miembros y de clase. En total hay cuatro modificadores:

- Public: Pueden ser accedidos por todo el mundo
- Protected: Pueden ser accedidos por subclases y clases del mismo paquete
- Default: Pueden ser accedidos por clases del mismo paquete
- Private: Pueden ser accedidos solo por la propia clase

JavaBeans

JavaBeans son componentes de Java (clases) bien encapsulados y con un propósito específico. A los atributos de JavaBeans no se pueden acceder directamente, sino sólo a través de los métodos get y set. De acuerdo con la encapsulación, los atributos no se pueden modificar directamente.

```
public class Persona {
```

```
private String nombre;

private int edad;

public Persona() {}

public void setNombre( String nombre ) {

this.nombre = nombre;

}

public void setEdad( int edad ) {

this.edad = edad;

}

public String getNombre() {

return nombre;

}

public int getEdad() {

return edad;

}
```

```
}
```

Los Arrays

Un array es una colección ordenada de primitivos, referencias a otros objetos y otros arrays. Las matrices en Java son homogéneas, es decir, sólo pueden contiener datos del mismo tipo. Las matrices son objetos y tienen que ser construidos antes de ser utilizados. La matriz se inicia automáticamente cuando se crea.

Pasos para utilizar matrices:

- Declaración
- Creación
- Iniciación

```
int[ ] unArray;

unArray = new int[ 10 ];

unArray[ 0 ] = 0;

unArray[ 1 ] = 999;

short[][] juegoDeLaVieja = new short[3][3];

double[] d = { 1.0d, 0.99, 3.14 };
```

```
Coche[ ] valores = new Coche[10];

valores[0] = new Coche( );

valores[1] = new Coche( );

//...

valores[9] = new Coche( );

valores[1].modelo = “Seat”;

valores[1].color = “Rojo”;

valores[1].motor = “1.0”;
```

Podemos recorrer la matriz de forma automática mediante el bucle for (). El índice de la matriz va de 0 (cero) a 1-N (donde N es el tamaño de la matriz). Otra forma de desplazarse por los elementos de la matriz es a través del enhanced for.

```
public class RecorriendoArray {

public static void main( String[] args ) {

double[] precios = new double[100];

//aquí sabemos el tamaño del array (fijo)
```

```
for(int i=0; i<100; i++) {
precios[i] = Math.round(Math.random() *
10000) / 100.0;
}
//aquí no importa el tamaño (variable)
for(int i=0; i<precios.length; i++) {
precios[i] = i * 0.9;

// Los arrays no cambian de tamaño.
// Acceden a un índice inexistente del
// array que causa una excepción del tipo:
// ArrayIndexOutOfBoundsException

}
//enhanced for loop
```

```
for(double p: precios)

System.out.println(p);

}

}
```

LA HERENCIA

La herencia es una característica de la programación orientada a objetos que permite que las clases (hijas) hereden y extiendan la funcionalidad y características de otras clases (padres). Una subclase (clase hija) es una especialización de su superclase (clase padre). Esta es una relación de tipo "es un". La subclase "es una" superclase. En Java, la herencia se logra a través de la palabra se extends. Cada clase, por defecto, se extiende de la clase java.lang.Object. Todos los métodos y atributos (públicos y protegidos) son heredados por la subclase (hija). Los constructores no se heredan.

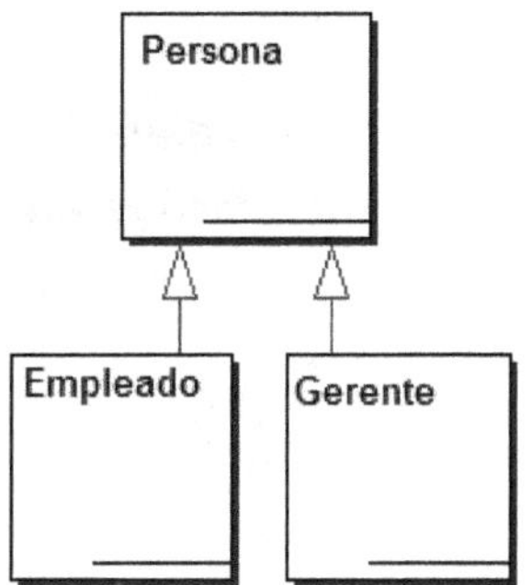

Veamos un ejemplo:

class MiClase {

}

class MiClase

extends Object {

class ClaseA {

}

class ClaseB

extends ClaseA {

}

Java no permite la herencia múltiple, es decir, una clase hereda de una sola clase. La palabra super hace referencia a la superclase. El constructor de la superclase se llama automáticamente si no se realiza otra llamada.

```
public class Persona {

protected String nombre;

protected String dni;

public Personoa() {}

}

public class Empleado extends Persona {

public Empleado() {

super(); //sucede automáticamente

}

}

public class Gerente extends Persona {

}
```

Aprovechando las ventajas de la herencia:

Todas las clases son subtipos de la clase Persona. Podemos decir que el Empleado y el Gerente son personas.

```
public class PruebaHerencia {

public static void main( String[] args ) {

Persona p = new Persona();

Persona e = new Empleado();
```

```
Persona g = new Gerente();

}

}
```

A continuación vamos a mejorar el modelo, elegimos al Gerente en lugar del Empleado para ser definido como un empleado.

```
public class Gerente extends Empleado {

}

public class RH {

public static void main(String[] args) {

Gerente chefe = new Gerente();

Empleado emp = new Empleado();

pagarSalario( jefe );

pagarSalario( emp );

promoverEmp( jefe, emp );

}

public static void pagarSalario( Empleado e ) {
```

```
//hacer envío del pago del salario
}
public static void promoverEmp( Gerente g, Empleado e ) {
//Solo un gerente puede promover un Empleado
}
}
```

Sobreescribir los métodos heredados (Overloading)

```
public class ClaseA {
public void metodo1() {
System.out.println("ClaseA.metodo1()");
}
}
public class ClaseB extends ClaseA {
public void metodo1() {
System.out.println("ClaseB.metodo1()");
```

```
}
public void metodo2() {
System.out.println("ClaseB.metodo2()");
}
}

public class PruebaAB {
public static
void main(String[] args) {
ClaseA a = new ClaseA();
a.metodo1();
a = new ClaseB();
a.metodo1();
ClaseB b = new ClaseB();
b.metodo1();
```

```
b.metodo2();

}

}
```

Así como tenemos la conversión de tipos primitivos, también podemos hacer la conversión de objetos. Podemos convertir los tipos, basándonos en la topología de la jerarquía de clases y subclases. Los subtipos pueden ser fácilmente convertidos a sus supertipos sin conversión explícita. Cuando se pasa de un supertipo a un subtipo, el objeto debe ser obligatoriamente de subtipo. Veamos un ejemplo:

```
//...

Object obj = new String("Texto");

String str = (String) obj;

Persona p = new Gerente();

Empleado e = (Empleado) p;

Gerente g = (Gerente) p;

Empleado emp = (Gerente) p;

//Gerente jefe = new Empleado(); //ERROR
```

La sobreescritura (overloading) se produce cuando un método de una superclase es reemplazado por un método del mismo nombre en una subclase. Los métodos sustituidos de la subclase no pueden tener un modificador más restrictivo que el modificador del método de su superclase. Veamos un ejemplo:

```
public class ClaseA {

public void metodo1() {

System.out.println("ClaseA.metodo1()");

}

}

public class ClaseB extends ClaseA {

public void metodo1() {

System.out.println("ClaseB.metodo1()");

}

}
```

LA SOBRECARGA (OVERLOADING)

La sobrecarga (overloading) ocurre cuando se implementa más de un método con el mismo nombre. La sobrecarga sólo se puede diferenciar por los argumentos del método.

```
public class ValidacaoDNI {

public boolean validar(String dni) {

return validar( Integer.parseInt( dni ) );

}

public boolean validar(int dni) {

//hace las verificaciones del DNI

return false;

}

public boolean validar(int dni, int digito) {

return validar( (dni*100) + digito );

}

}
```

Las palabras reservadas this y super son muy importantes y útiles. this referencia a la propia instancia dentro de su clase. No se puede utilizar en métodos estáticos. super hace referencia a la superclase de una clase. Veamos un ejemplo:

```
public class SuperClase {

public void executar() {

}

}

public class ThisESuper extends SuperClase {

private int var1;

public static void main(String[] args) {

ThisESuper ts = new ThisESuper();

ts.metodo1();

}

public ThisESuper() {

super(); // llama al constructor de la superclase
```

```
}

public void metodo1(int i) {

this.var1 = i;

//ejecuta el método ejecutar de la superclase

super.executar();

}

}
```

Las Clases Internas

Las clases internas (Inner Class) también se denominan clases anidadas.

Las clases internas son clases normales, pero están definidas dentro de una clase o método. Las clases internas que no están declarados dentro de los métodos se llaman clases miembro. En este caso, los nombres completos de las clases son: OuterClass e OuterClass.InnerClass. Veamos el ejemplo:

```
public class OuterClass {

private int x;
```

```
public class InnerClass {

private int y;

private void innerMethod() {

System.out.println( "y = " + y );

}

}

public void outerMethod() {

System.out.println( "x = " + x );

}

}
```

Las clases internas necesitan una instancia de la clase externa para ser creadas. Las clases externas actúan como el contexto de las clases internas. Las clases internas pueden tener acceso a los miembros de su clase externa, como si fuera su instancia. Veamos el ejemplo:

```
public class OuterClass {

private int x;

public class InnerClass {
```

```
private int y;

private void innerMethod() {

System.out.println( “x (externo) = “ + x );

System.out.println( “y = ” + y );

outerMethod( );

}

}

public void outerMethod() {

System.out.println( “x = ” + x );

}

}
```

Para crear una instancia de una clase interna, o un método estático de otra clase, debemos hacer lo siguiente:

```
OuterClass o = new OuterClass();

InnerClass i = o.new InnerClass();
```

Para crear una instancia de una clase interna dentro de su clase externa, debemos hacer los siguiente:

Las clases internas estáticas pertenecen a la clase externa, en lugar de una instancia del objeto de la clase exterior, en particular. Es decir, que no necesitan una instancia de su clase externa.

```
public class OuterClass {

public static class StaticInnerClass {

}

public static void main( String[] args ) {

StaticInnerClass sic = new OuterClass.StaticInnerClass();

}

}
```

Los métodos de las clases internas no se consideran miembros de la clase, son sólo locales en el método. Estas clases tienen acceso a los miembros de su clase externa, así como a las variables locales y a los parámetros del método, que estén marcadas como final.

```
public class OuterClass {
```

```
private int m = 10;

public void hacerAlgo( int a, final int b ) {

class MethodInnerClass() {

public void metodo() {

System.out.println( “m = “ + m );

System.out.println( “b = “ + b );

System.out.println( “y = “ + y );

}

}

MethodInnerClass mic = new MethodInnerClass();

mic.metodo();

}

}
```

Las clases anónimas son las clases que no tienen un nombre. Estas extienden una clase o implementar una interfaz. No está permitido extender una clase e implementar una o más interfaces de forma simultánea. La definición, creación y el primer uso se producen en el mismo lugar. Son en normalmente muy usados con los controladores Listener y Action de los paquetes SWING y AWT. Veamos un ejemplo:

```
public void unMetodo( ) {

jButton1.addActionListener(

new ActionListener() {

public void actionPerformed( ActionEvent e ) {

System.out.println( "Sucedió una acción" );

}

}

}

Object o = new JButton() {

// extension de la clase JButton
```

```
};
```

Ejemplo de la clase anónima:

```
public class MiClase( ) {

public MiClase() {

//Constructor default

}

public MiClase( String s ) {

//Constructor con parámetros

}

}

MiClase m = new MiClase() {

};

MiClase m2 = new MiClase( “prueba” ) {

};
```

Ambos son subclases de MiClase, pero cada uno comienza de manera diferente (diferentes constructores). Cuanto más genéricas, las clases pueden llegar a ser muy abstractas, en la jerarquía de clases. La clase llega a ser tan genérico que no necesita una instancia de la misma en la aplicación. Esta clase termina sirviendo como modelo para sus subclases. Estas son las clases abstractas. La clase abstracta puede tener métodos implementados, pero debe tener por lo menos un método abstracto, es decir, debe implementar un método que una subclase concreta. Las clases abstractas no pueden crear instancias.

Imagine un sistema de envío de mensajes de tipo texto y fax. No tendría sentido tener una instancia de Mensaje, pero si uno de MensageTexto o MensageFax.

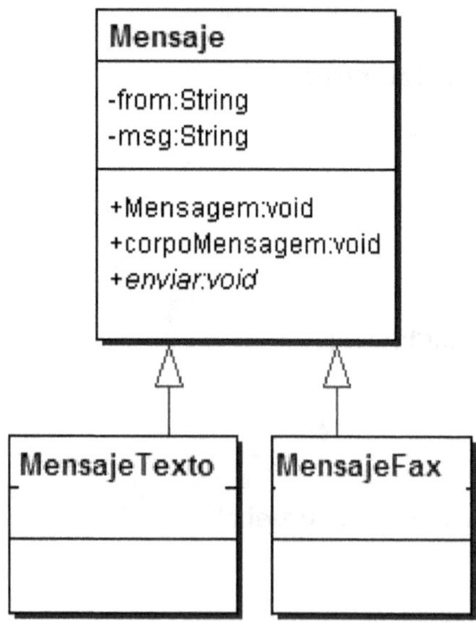

```
public abstract class Mensaje {

private String from;

private String msg;

public Mensaje( String remitente ) {

from = remitente;

}

}

public void corpoMensaje(String msg) { }

this.msg = msg; }

}

public abstract void enviar();

}

public class MensajeFax extends Mensaje {

public MensajeFax( String remitente ) {

super( remitente );
```

```
}
public void enviar() {
//envia uma Mensaje de fax
}
}
public class ServicoMensagens {
public static void main(String[] args) {
Mensaje m = new MensajeTexto(“Miguel”);
m.corpoMensaje(“Mensaje de prueba TXT”);
m.enviar();
m = new MensajeFax(“Miguel”);
m.cuerpoMensaje(“Mensaje de prueba FAX”);
m.enviar();
}
}
```

```
public class MensajeTexto extends Mensaje {

public MensajeTexto( String remitente ) {

super( remitente );

}

public void enviar() {

//envía una Mensaje de texto

}

}
```

Las Interfaces

Las interfaces actúan como un contrato para las clases que las implementan. Las interfaces definen los métodos que deben ser proporcionados por las clases. Las clases que implementan esta interfaz deben proporcionar una implementación para cada método definido en la interfaz. Las clases pueden implementar más de una interfaz. Puede utilizar interfaces para utilizar las funciones de devolución de llamada.

Veamos un ejemplo:

interfaz pública {Figura

Cada clase implementa la

doble pública calcularArea ();

método en su propia manera. Pero

}

```
public interface Figura {

public double calcularArea();

}

public class Circulo implements Figura {

public double calcularArea() {

//faz o cáculo da área do círculo

}

}

public class Quadrado implements Figura {
```

public double calcularArea() {

//faz cálculo da área do quadrado

}

}

Cada clase implementa el método a su manera. Pero lo más importante es que estos ofrezcan una implementación para el método de la interfaz. Las interfaces son adecuadas para definir formas (interfaces) de acceso a subsistemas, escondiendo detalles de su implementación. Veamos un ejemplo de interfaz:

Figura fig = new Circulo(10);

double area = fig.calcularArea();

fig = new Cuadrado(8);

area = fig.calcularArea();

*** La interfaz de Java no tiene nada que ver con las GUI.

Ahora, vamos a ver un ejemplo más práctico del uso de interfaces en Java:

public interface RegistroUsuario {

```
public void insertar( Usuario usr ) throws Exception;

}

public class RegistroUsuarioBanco implements RegistroUsuario {

public void insertar( Usuario usr ) throws Exception {

// inserta los datos en la base de datos

}

}

public class RegistroUsuarioArchivo implements RegistroUsuario {

public void insertar( Usuario usr ) throws Exception {

// inserta los datos en el archivo

}

}

//...

RegistroUsuario cad = new RegistroUsuarioBanco();

cad.insertar( usuario );
```

```
cad = new RegistroUsuarioArquivo();

cad.insertar( usuario );

//...
```

Las Enumeraciones

Otra característica agregada la versión 5 de Java fueron las enumeraciones de tipo seguro (Type Safe Enums), que le permite crear enumeraciones en Java, al igual que existen en otras tecnologías. Se define por la palabra reservada enum, y cada elemento de la enumeración está representada por un objeto del mismo tipo del Enum.

La definición de una enumeración no es más que la definición de un tipo especial de clase. Si estuvieran en otro paquete, se deberían importar como cualquier otra clases normal.

```
public enum Cargo {

PROGRAMADOR, ANALISTA, ARQUITECTO, COORDINADOR

}

Cargo c = Cargo.PROGRAMADOR;
```

```
Cargo x = Enum.valueOf( Cargo.class, "ANALISTA" );

for( Cargo y : Cargo.values() ) {

System.out.println( y );

}
```

Las enumeraciones también pueden contener información y métodos adicionales.

```
public enum Cargo {

PROGRAMADOR( 1000 ),

ANALISTA( 2000 ),

ARQUITECTO( 3000 ),

COORDINADOR( 4000 );

Cargo( int salario ) {

this.salario = salario;

}

private int salario;

public int getSalario() {
```

```
return this.salario;

}

}

Cargo c = Cargo.PROGRAMADOR;

System.out.println( c + ": " + c.getSalario() );
```

EL CONTROL DE ERRORES

El lenguaje Java proporciona un mecanismo valioso para el control y manejo de errores del programa, llamada manejo de excepciones. En Java, cualquier error se llama excepción.

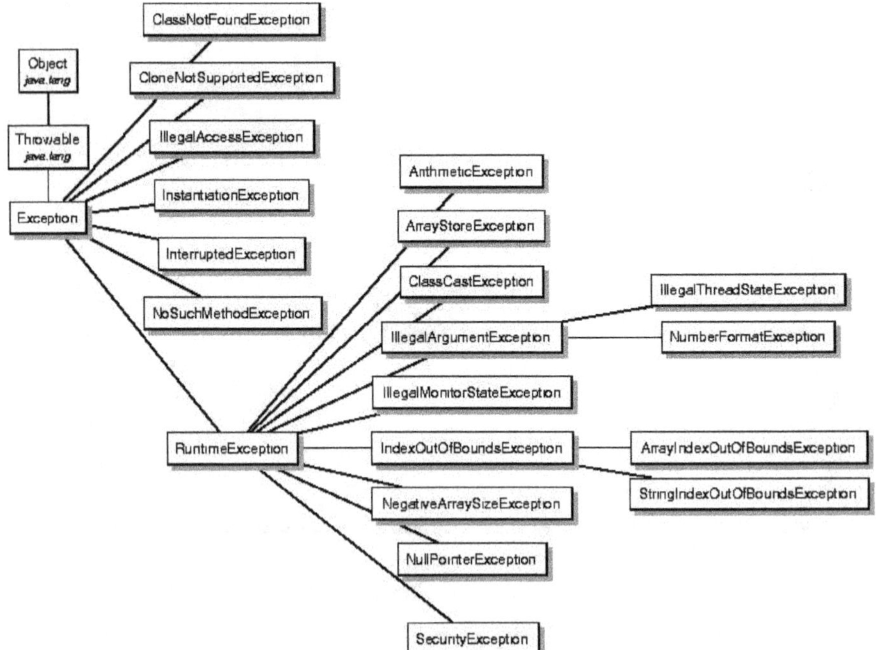

El mecanismo de gestión de errores de Java se lleva a cabo mediante las directivas try, catch y finally. La sintaxis de estas directivas es:

try {

código_a_ser_ejecutado

}

catch(Excepcion) {

código_de_tratamiento_de_errores

```
}
finally {
código_siempre_ejecutado
}
```

Pueden existir múltiples bloques catch en el tratamiento de errores. Cada uno para un tipo específico de Exception.

```
public class TratamientoDeErrores {
public static void main( String[] args ) {
// array de 6 posiciones
int[] array = {0, 1, 2, 3, 4, 5};
try {
for(int i=0; i<10; i++ ) {
array[i] += i;
System.out.println("array[" + i + "] = " + array[i]);
}
System.out.println("Bloque ejecutado con éxito");
```

```
}
catch( ArrayIndexOutOfBoundsException e ) {
System.out.println("Accedió a un índice inexistente");
}
catch( Exception e ) {
System.out.println("Sucedió otro tipo de excepcion");
}
finally {
System.out.println("Esto SIEMPRE se ejecuta");
}
}
}
```

Cada error o condición especial en Java es una subclase de la clase Throwable. Pero hay 3 tipos diferentes de errores:

- Runtime Error (java.lang.Runtime): Los errores en tiempo de ejecución se deben a errores en el programa, que desconocemos, es decir, una condición especial que no habíamos imaginado. Los errores en tiempo de ejecución son subclases de la clase Runtime, que es una subclase de Excepción.

- System (java.lang.Error): Los errores del sistema son errores impredecibles causados por fallas en el sistema, tales como el acceso al disco, el error de la base de datos y así sucesivamente. Estos errores son subclases de la clase Error.
- Custom Error (java.lang.Exception): Los errores personalizados son los errores o las condiciones especiales establecidas en el programa. Esos errores son subclases de la clase Exception.

Queremos controlar los errores de la lógica de una aplicación. Imagine un control para una aplicación de banca, donde se controlan las deudas en una cuenta corriente. Un posible escenario es el cliente tratando de hacer una incursión en el cajero automático, por encima del valor de su saldo. Podríamos tratar este caso como una excepción. Para ello, podemos crear nuestra propia clase de excepción, llamada SaldoInsuficienteException, que deberá ser una subclase de Exception. Cuando nuestra aplicación identifica el escenario anterior, podemos lanzar nuestra excepción y tratarla. Veamos el ejemplo:

```
try {

if( saldo < valorRetirada ) {

throw new SaldoInsuficienteException( );
```

}

reducirValorEnLaCuenta(valorRetirada);

}

catch(SaldoInsuficienteException e) {

System.out.println("No tiene el Saldo suficiente para retirar dinero");

}

La directiva throw arroja un error, por lo que un bloque catch lo captura y realizar el tratamiento necesario.

Imagínese que nuestra clase tiene un método atómico, es decir, una función específica para ser ejecutado con éxito o abortada en su interior. En lugar de hacer el tratamiento de errores dentro del método, podemos hacer que el método en sí delegue el error al método que lo llamó. El ejemplo anterior es un buen ejemplo de esto. Imagine el siguiente método:

public boolean retirarDinero(double valorRetirada)

throws SaldoInsuficienteException {

if(saldo < valorRetirada) {

throw new SaldoInsuficienteException();

}

reducirValorEnLaCuenta(valorRetirada);

return true;

}

Ahora el método es más simples, sin las directivas try/catch/finally. Ahora, podemos tratar el error en un nivel más alto, o sea, donde el método retirarDinero( ) fue llamdo. Por ejemplo:

try {

retirarDinero(10000.0);

}

catch(SaldoInsuficienteException e) {

System.out.println("No tiene el Saldo suficiente para retirar dinero");

}

La directiva throws pasa un método lanzado dentro del método y que no fue tratado por ningún bloque catch dentro de este. Veamos la creación de nuestra Excepción personalizada:

public class SaldoInsuficienteException extends Exception {

```
public SaldoInsuficienteException() {

super();

}

public SaldoInsuficienteException(String msg) {

super( msg );

}

}
```

EL PAQUETE LANG

Este es el paquete esencial de Java, y contiene las clases principales de las operaciones de Java. El compilador importa automáticamente las clases de este paquete. Tiene clases importantes como Object, String, StringBuffer, Math y clases wrapper.

CLASE: OBJECT

Es la clase base de Java, último antecesor de todas las otras clases. Todas las clases tienen todos los métodos de la clase Object. Tienen los métodos wait (),notify () y notifyAll () que soporta el control de threads, además de los métodos equals () y toString ().

Clase: Math

La clase Math tiene un conjunto de métodos y 2 constantes para soportar el cálculo matemático. La clase es final y no puede extenderse. El constructor es private, por lo tanto, no se pueden crear instancias. Las constantes: Math.PI y Math.E contienen el método para el cálculo: el valor absoluto, redondeando hacia arriba y abajo, comparando el valor más alto y el más bajo, números aleatorios, el redondeo, el seno, el coseno, la tangente, y la raíz cuadrada. Estas clases encapsulan cadenas de Unicode (16 bits) y admite caracteres en alfabetos internacionales.

Clase: String

La clase String mantiene una cadena inmutable. Una variable de la clase String apunta a un área de memoria que contiene la cadena. Esta clase tiene muchos métodos para la manipulación de cadenas.

```
String str = "String 1";

String texto = str;

str = "Nuevo String";

if( str.equals( texto ) ) {

//No es igual

}
```

str = str.concat(" con nuevo texto");

CLASE: STRINGBUFFER

Un objeto de la clase StringBuffer representa una cadena que se puede modificar de forma dinámica. Es ideal para el manejo de grandes cantidades de textos.

StringBuffer sb = new StringBuffer("Esto es un String");

sb.append(" dentro de un StringBuffer");

sb.insert(11, "grande");

StringBuffer rev = new StringBuffer("12345");

rev.reverse();

CLASES WRAPPER (ENVOLTORIOS)

Cada tipo primitivo de Java tiene una clase wrapper correspondiente. Esta clase encapsula un valor de tipo primitivo y es inmutable.

boolean b = false;

Boolean wB = new Boolean(b);

wB = new Boolean("true");

Integer wInt = new Integer(12345);

```
wInt = new Integer( "123" );

int i = wInt.intValue();

if( Character.isDigit( '1' ) ) {}

Long wLong = Long.valueOf( "23L" );

Long xLong = new Long( "33" );

//comparación

if( wLong.equals( xLong ) ) {}
```

Antes de Java 5, la manipulación de datos entre tipos primitivos y la clase wrapper era muy laboriosa y aburrida. A partir de Java 5 se introdujo el concepto de Auto Boxing y Unboxing, que permite la conversión de tipos primitivos en wrappers y viceversa, de una manera mucho más intuitiva y productiva. Este concepto también se aplica al paso de parámetros a los métodos.

Antes hacíamos esto:

```
int x = 10;

Integer i = new Integer(x);

Integer y = x + i.intValue();

x = i.intValue();
```

```
i = new Integer(y);
```

Ahora podemos hacer esto:

```
int x = 10;

Integer i = x;

Integer y = x + i;

x = i;

i = y;
```

EL PAQUETE JAVA.UTIL

El paquete java.util contiene clases del framework collections, modelo de eventos, fecha, hora, internacionalización y clases de otras utilidades (StringTokenizer, etc.)

COLECCIONES (COLLECTIONS)

La interfaz Collection es la interfaz base para todas las clases que implementan una colección. Define métodos para agregar elementos, borrar la colección, eliminar elementos, modificar matrices, recorrer en iteración por los elementos, ver el tamaño y etc.

VECTOR

La clase Vector representa una matriz escalable. Se puede acceder a esta mediante un índice. El vector está sincronizado, es decir, que sincroniza el acceso de procesos concurrentes. El vector puede almacenar diferentes tipos de objetos, al mismo tiempo que recibe un objeto como argumento.

```
Vector vec = new Vector( );

Iterator it = vec.iterator( );

while( it.hasNext( ) ) {

String str = (String) it.next( );

}
```

ArrayList

Esta clase es muy similar a la clase Vector, pero no está sincronizada, por lo tanto, es más rápida.

```
ArrayList list = new ArrayList( );

list.add( "String 1" );

list.add( "String 2" );

list.add( "String 3" );
```

```
Iterator it = list.iterator( );

while( it.hasNext( ) ) {

String str = (String) it.next( );

}
```

LIST

El Vector, ArrayList, LinkedList y otras clases implementan la interfaz List. Estas colecciones pueden acceder a los métodos comunes de la interfaz List.

```
List lst = new Vector( );

List lst2 = new ArrayList( );

//...
```

HASHTABLE

El Hashtable guarda valores con la clave y el valor, no permitiendo los valores null. Para recuperar un valor, se llama por su nombre (key). Usted puede capturar una Enumeration con todas las claves de la colección.

```
Hashtable numbers = new Hashtable();

numbers.put("one", new Integer(1));
```

```
numbers.put("two", new Integer(2));

numbers.put("three", new Integer(3));

Integer n = (Integer)numbers.get("two");

if(n != null) {

System.out.println("two = " + n);

}

Enumeration e = numbers.keys();

while( e.hasMoreElements() ) {

String key = (String) e.nextElement();

System.out.println(key+"="+numbers.get(key));

}
```

PROPERTIES

Esta clase es una colección de propiedades, del tipo de clave y valor. Los datos pueden ser escritos o leídos de un Stream. Cada clave de la propiedad tiene un valor único. Esta clase extiende la clase Hashtable.

```
import java.io.*;

import java.util.*;

public class Properties {

public static void main( String[] args ) {

File f = new File("C:\\prueba.prop");

FileInputStream fis = null;

try {

fis = new FileInputStream( f );

Properties prop = new Properties( );

prop.load( fis );

Enumeration e = prop.keys();

while( e.hasMoreElements() ) {

String chave = (String) e.nextElement();

System.out.println( chave + "=" + prop.getProperty(chave) );

}
```

```
} catch( Exception e ) {

e.printStackTrace();

} finally {

if( fis != null ) try { fis.close(); } catch(Exception e) {}

}

}

}
```

Guardar datos de una propiedad:

```
import java.io.*;

import java.util.*;

public class Properties2 {

public static void main( String[] args ) {

File f = new File("C:\\prueba.prop");

FileOutputStream fos = null;

FileInputStream fis = null;
```

```
try {
fis = new FileInputStream( f );
Properties prop = new Properties( );
prop.load( fis );
fis.close();
prop.setProperty( “d”, “D” );
prop.setProperty( “e”, “E” );
fos = new FileOutputStream( f );
prop.store( fos, null );
} catch( Exception e ) {
e.printStackTrace();
} finally {
if( fos != null ) try { fos.close(); } catch(Exception e) {}
}
}
```

}

StringTokenizer

Esta clase le permite romper una cadena en tokens (palabras), por el carácter de tabulación.

```
StringTokenizer st = new StringTokenizer("Esta es una prueba");

while( st.hasMoreTokens() ) {

System.out.println( st.nextToken() );

}

StringTokenizer st = new
StringTokenizer("otra;prueba;de:la;clase",";");

while( st.hasMoreTokens() ) {

System.out.println( st.nextToken() );

}
```

Date

La clase Date representa un determinado instante de tiempo, medido en milisegundos. El tiempo en milisegundos se calcula a partir del día 01/Ene/1970.

Date ahora = new Date (); / / Hora

GregorianCalendar

Esta clase es una implementación concreta de la clase java.util.Calendar, y ofrece métodos y funciones para manipular las fechas en el formato del calendario gregoriano.

Calendar calendar = new GregorianCalendar();

Date trialTime = new Date();

calendar.setTime(trialTime);

System.out.println("ERA: " + calendar.get(Calendar.ERA));

System.out.println("YEAR: " + calendar.get(Calendar.YEAR));

System.out.println("MONTH: " + calendar.get(Calendar.MONTH));

```
System.out.println("WEEK_OF_YEAR: " +
calendar.get(Calendar.WEEK_OF_YEAR));

System.out.println("WEEK_OF_MONTH: " +
calendar.get(Calendar.WEEK_OF_MONTH));

System.out.println("DATE: " + calendar.get(Calendar.DATE));

System.out.println("DAY_OF_MONTH: " +
calendar.get(Calendar.DAY_OF_MONTH));

System.out.println("DAY_OF_YEAR: " +
calendar.get(Calendar.DAY_OF_YEAR));

System.out.println("DAY_OF_WEEK: " +
calendar.get(Calendar.DAY_OF_WEEK));

System.out.println("DAY_OF_WEEK_IN_MONTH: " +

calendar.get(Calendar.DAY_OF_WEEK_IN_MONTH));

System.out.println("AM_PM: " + calendar.get(Calendar.AM_PM));

System.out.println("HOUR: " + calendar.get(Calendar.HOUR));

System.out.println("HOUR_OF_DAY: " +
calendar.get(Calendar.HOUR_OF_DAY));

//...
```

GENERICS

Los generics se introdujeron en Java 5, para ayudar a los desarrolladores a escribir códigos más claros, concisos y disminuir la aparición de errores en tiempo de ejecución, sobre todo durante la manipulación de colecciones de objetos (ClassCastException).

Con generics se puede definir con qué tipo de datos vamos a trabajar en una colección o lista particular. En el siguiente ejemplo, implementado sin el uso de generics, añadimos cualquier tipo de objeto en la lista y cuando lo recuperamos, esperamos un tipo determinado de objeto, que puede venir a través de una ClassCastException, como en la línea 4, que es lo más habitual.

List l = new ArrayList();

l.add(new Integer(1));

l.add(new Double(2.0));

Integer i = (Integer) l.get(1);

Los generics eliminan este problema, y la comprobación de tipos se realiza en tiempo de compilación, no en tiempo de ejecución, evitando problemas futuros.

List l = new ArrayList();

l.add(new Integer(1));

```
l.add( new Double(2.0) );

Integer i = (Integer) l.get(1);
```

Incluso podemos definir clases (tipos) que también admiten el uso de generics para definir el tipo de objeto de que funcionen.

```
public class ListaConectada<T> {

public <T> buscar( int i ) {

//busca y devuelve el item

}

public void anadir( <T> t ) {

// añade elemento

}

public void eliminar( <T> t ) {

// elimina el elemento

}

}
```

LOS ARCHIVOS JAR

Los archivos jar son una forma de empaquetar las clases de una API o aplicación. JAR significa Java Archive. En lugar de tener varias clases sueltas y dispersas, podemos agruparlos todos en un solo archivo jar. El archivo Jar no es más que un archivo zip con la extensión Jar. El archivo Jar viene en el JDK y nos ayuda en la generación de paquetes jar.

Para crear el archivo jar, ejecute el siguiente comando:

jar -cf nombre-do-jar.jar *.class

De esta manera creamos un nuevo archivo llamado "nombre-archivo.jar" con todas las clases de Java dentro de este. Se pueden añadir más archivos al archivo jar, más allá de las clases java. Para empaquetar los archivos en un Jar podemos incluir el Jar en la ruta de la clase del programa:

java –cp nombre-do-jar.jar ClasePrincipal

Dónde ClasePrincipal es la clase que contiene el archivo jar. Al igual que todos los archivos dentro del archivo Jar, estará en la ruta de la clase (classpath), podemos acceder desde dentro de java de la siguiente manera:

getClass().getResourceAsStream(“nombre-del-archivo”);

La documentación en Java .javadoc

El proceso de documentación debería ser intrínseco al proceso de creación del código fuente. Este debe documentar todo el proceso de creación del código, la funcionalidad, las entradas y salidas, los posibles errores y los posibles efectos colaterales.

Java tiene una herramienta, parte de la JSE, que facilita la creación de documentos a partir de la documentación realizada en el mismo código fuente, Javadoc. El Javadoc, en general, puede ser creado por la propia IDE de desarrollo o desde la línea de comandos.

Para crear la línea de comandos Javadoc, ejecute el comando javadoc que viene con el JDK.

Entrada y Salida

La I/O (entrada y salida) de Java se puede manipular fácilmente con las clases del paquete java.io, Trabajar con flujos de datos (data streams), la serialización y los sistemas de archivos. Actualmente existe un nuevo paquete, llamado java.nio (New I/O), que es una extensión del paquete de I/O estándar, pero no vamos a estudiarlo en este libro.

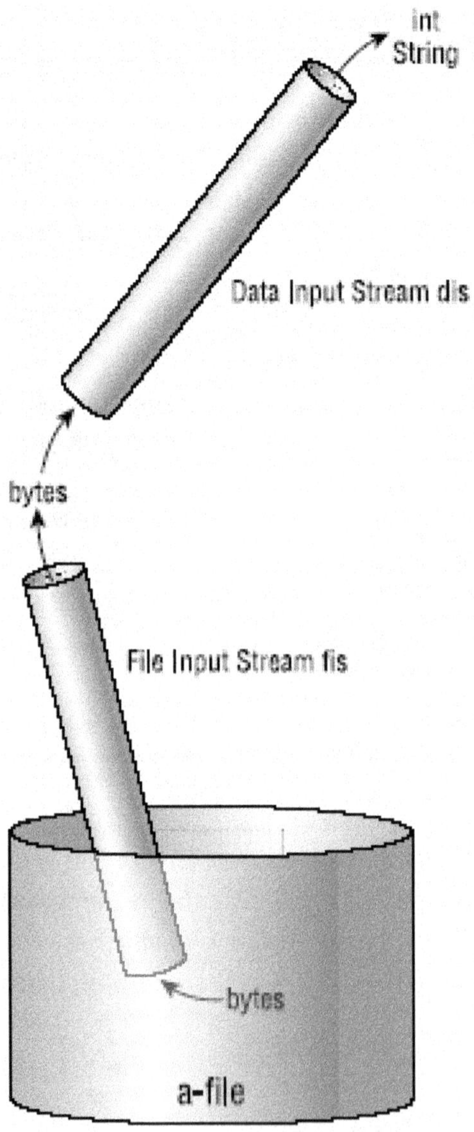
int
String
Data Input Stream dis
bytes
File Input Stream fis
bytes
a-file

FILE

Esta clase es una representación abstracta de un archivo o directorio de los sistemas de archivos.

```
File arch = new File("C:\\texto.txt");

//arq representa al archivo texto.txt

File dir = new File("C:\\tmp");

//dir representa el directorio c:\tmp

if( dir.exists() && dir.isDirectory() ) {

String[] arqs = dir.list(); //lista de los archivos

}
```

La clase File proporciona métodos comunes para verificar que existe la ruta de acceso en la máquina local, crear o eliminar el directorio/fichero con el nombre especificado, obtener la ruta completa del directorio/fichero, hace una lista de todos los archivos en la ruta del directorio, comprueba las propiedades del archivo (data, readonly, etc) y otras características. Java utiliza dos representaciones de textos: Unicode internamente y UTF para I/O.

No accederemos a los datos de estos archivos directamente. Para ello vamos a utilizar los streams (flujos) de entrada y salida de datos, de la clase RandomAccessFile o de los

RandomAccessFile

La clase RandomAccessFile ofrece la posibilidad de acceder a los archivos de forma no secuencial, accede a una posición del archivo, escribe o lee los datos del archivo. El constructor de la clase coge dos argumentos: una instancia File y otra String con el modo de acceso, que puede ser "r" para lectura y "rw" para la lectura y la escritura. Hay un segundo constructor que en lugar de File, recibe una cadena con la ruta del archivo y una cadena con el modo de acceso. Si no existe el archivo, se crea un nuevo archivo vacío. En caso de errores, se lanzará una excepción de tipo java.io.IOException o java.io.FileNotFoundExceptiono. Esta clase proporciona métodos para comprobar el tamaño del archivo (en bytes), pasar la posición actual en el archivo y posicionar en una nueva posición, desde la posición inicial. La clase proporciona métodos para leer el archivo byte por byte o un método para leer grupos de bytes, en un nivel más elevado de tipos de datos como int, long, char, double, etc.

File arch = new File("C:\\texto.txt");

RandomAccessFile raf = new RandomAccessFile(arq, "rw");

// escribiendo datos en el archivo

```
raf.writeUTF( "Saldo=" );

raf.writeDouble( 100.0 );

// leyendo a partir de la posición inicial

raf.seek( 0 );

String txt = raf.readUTF();

double saldo = raf.readDouble();

raf.close(); // siempre cierre el recurso
```

STREAMS

Los streams es un medio de flujo de datos. Estos datos pueden proceder de un archivo, como de la red o de un dispositivo conectado a la computadora.

En Java, se generaliza esta corriente de flujo como entrada y salida, lo que hace que sea un acceso fácil y estandarizado para los datos leídos y escritos. Hay dos clases abstractas, que son la base de los flujos en Java, que son: InputStream (para la entrada de datos) y OutputStream (para la salida).

Estas corrientes de trabajo con bytes de datos pueden ser, a menudo, bastante difíciles de manejar. Para ello contamos con corrientes de bajo y de alto nivel. Los streams de bajo nivel trabajan con bytes, es decir, leen y escriben bytes. Los streams de alto nivel, de leen y escriben datos en un formato general (datos primitivos y Strings), haciendo uso de los streams de bajo nivel.

STREAMS DE BAJO NIVEL

Las clases FileInputStream y FileOutputStream son dos clases de bajo nivel de lectura y escritura de datos de un archivo en disco. Estas dos clases tienen dos constructores, un constructor recibe un archivo y el otro recibe una cadena con el nombre de la ruta del archivo. Estas clases sólo funcionan con la lectura y escritura de bytes de datos, para ello, tienen los métodos read () y write (), respectivamente. Ambas clases tienen el método close (). La clase FileInputStream tiene otros métodos como: avaliable () y skip ().

```
File arch = new File("C:\\texto.txt");

FileOutputStream fos = new FileOutputStream( arch );

fos.write( "String que va ser guardada".getBytes() );

fos.close();

File arch = new File("C:\\texto.txt");

FileInputStream fis = new FileInputStream( arch );
```

```
byte byteLido = (byte) fis.read();

byte[] bytes = new byte[10];

fis.read( bytes );

System.out.println( bytes );

fis.close();
```

Existen también otras clases de bajo nivel, como InputStream y OutputStream, que son las clases padres de las clases de stream de bajo nivel. Además, también tenemos las clases:

ByteArrayInputStream, ByteArrayOutputStream, y PipedInputStream PipedOutputStream.

STREAMS DE ALTO NIVEL

Los streams de alto nivel permiten la lectura y escritura de datos sobre otros tipos, además de los bytes de datos. Estas clases extienden las clases FilterInputStream y FilterOutputStream y para la entrada y salida. En realidad, las clases no leen directamente desde un archivo, sino que leen de otro stream.

```
File arch = new File("C:\\texto.txt");

FileOutputStream fos = new FileOutputStream( arch );

DataOutputStream dos = new DataOutputStream( fos );
```

dos.writeDouble(100.99);

dos.writeUTF("String con texto UTF");

dos.close();

fos.close(); // cierre todos los streams

File arch = new File("C:\\texto.txt");

FileInputStream fis = new FileInputStream(arch);

DataInputStream dis = new DataInputStream(fis);

double d = dis.readDouble();

String s = dis.readUTF();

dis.close();

fis.close(); //cierre todos los streams

Hay otras clases de alto nivel como BufferedInputStream y BufferedOutputStream, que son las clases que utilizan el buffer de memoria. También tenemos las clases: PrintStream para escribir tipos primitivos como representaciones de carácter y la clase PushbackInputStream.

Reader y Writer

El reader y el writer se basan en los datos de lectura y escritura en formato Unicode. El archivo debe contener sólo datos en formato UTF. Los reader y writer pueden ser de bajo nivel y de alto nivel. Un buen ejemplo de Readers y Writers de bajo nivel son las clases FileReader y FileWriter.

```
File arch = new File("C:\\texto2.txt");

FileWriter fw = new FileWriter( arch );

fw.write("Linea 1\nLinea 2\nLinea 3\nLinea 4");

fw.close();

FileReader fr = new FileReader( arch );

LineNumberReader lnr = new LineNumberReader( fr );

String s;

while( (s = lnr.readLine()) != null ) {

System.out.println(lnr.getLineNumber() + ":" + s);

}

lnr.close();
```

fr.close();

Las clases de alto nivel soportes los métodos de bajo nivel, y métodos para manipular la lectura en buffer, la lectura de línea, etc. Todas estas clases se extienden de las clases Reader y Writer.

SERIALIZACIÓN DE OBJETOS

La serialización es el proceso de desentrañar el objeto y persisitirlo en cualquier lugar, es decir, se registra el objeto con los datos de su estado actual, así como los objetos relacionados con este. Los objetos que van a ser serializados deben implementar la interfaz java.io.Serializable. Estos objetos, utilizando los streams también pueden viajar en la red.

Persona pers = new Persona();

pers.setNombre("Miguel");

pers.setEdad(35);

File arch = new File("C:\\Persona.ser");

FileOutputStream fos = new FileOutputStream(arch);

ObjectOutputStream oos = new ObjectOutputStream(fos);

```
oos.writeObject( pers );

oos.close();

fos.close();

File arch = new File("C:\\Persona.ser");

FileInputStream fis = new FileInputStream( arch );

ObjectInputStream ois = new ObjectInputStream( fis );

Persona p = (Persona) ois.readObject();

ois.close();

fis.close();
```

Los atributos marcados con el modificador transient no será serializado.

SOCKETS

Los sockets sirven para la comunicación remota entre equipos que actúa como los extremos de la comunicación a través del protocolo TCP/IP. Los sockets se comunican entre sí a través de los streams, por los medio de los cuales se envían los datos (bytes), de la misma manera de cómo tratamos a los archivos de datos con los streams.

Incluso podemos enviar objetos a través de streams que trabajan con la serialización de objetos. En este modelo de comunicación, los SocketServer esperan las conexiones de los Sockets clientes.

```
ServerSocket soc = new ServerSocket(999);

InputStream is = soc.accept().getInputStream();

DataInputStream dis = new DataInputStream( is );

System.out.println( dis.readUTF() );

dis.close();

is.close();

soc.close();
```

```
Socket soc = new Socket("127.0.0.1",999);

OutputStream os = soc.getOutputStream();

DataOutputStream dos = new DataOutputStream( os );

dos.writeUTF( "mensaje enviado" );

dos.close();
```

```
os.close();

soc.close();
```

LA CLASE FORMATTER

Simplifica la forma de escribir los datos. Inspirado en el printf () en C/C++, la clase Formatter forma parte del paquete java.util. La clase String tiene el método format () y la clase PrintStream tiene el método () printf.

```
StringBuilder sb = new StringBuilder();

Formatter f = new Formatter( sb, new Locale("es_ES") );

f.format( "%.2f %tF", 2.456f, new Date() );

System.out.println( sb.toString() );

// imprime: 2.45 2005-07-01

String s = String.format(

new Locale("es_ES"),

"Hoy es %1$te de %1$tB de %1$tY",
```

```
Calendar.getInstance()

);

System.out.println( s );

// Hoy es 1 de Junio de 2005

System.out.printf("%2$2s%1$2s-%3$s", "a", "b", "c");

// imprime: " b a-c"
```

SCANNER

Simplifica la forma de leer los datos. Inspirado por el scanf () de C/C++, la clase Scanner forma parte del paquete java.util.

```
Scanner s = new Scanner(System.in);

int i = s.nextInt();

// lee el próximo entero del teclado

Scanner s = new Scanner(new File("teste.csv"));

s = s.useDelimiter("\\s*,\\s*");

while( sc.hasNextShort() ) {
```

```
short i = sc.nextShort();

}

// lee un archivo csv con valores short

// y pasa los valores, delimitados por coma
```

Los threads

Los threads son una forma de desarrollar aplicaciones con procesamiento paralelo, es decir, donde varios subprocesos se ejecutan al mismo tiempo. Este es un tema muy amplio que requiere mucha atención, pero vamos a ver una breve introducción.

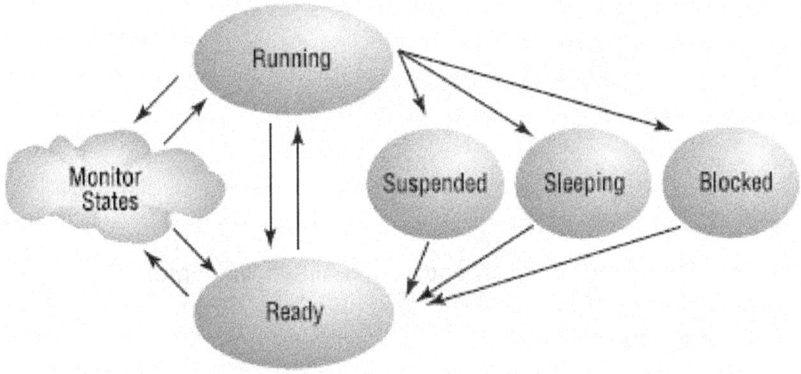

Cuando un thread entra en el estado dead ya no puede ser utilizado y debe ser descartado. Para que una clase se ejecute en paralelo, se debe extender la clase java.lang.Thread o implementar la clase java.lang.Runnable. Cada thread debe implementar el método public void run (), que es el comienzo de su ejecución.

```
public class MiThread extends Thread {

public void run() {

for( int i=0; i<100; i++ ) {

System.out.println("Thread : "+i);

try {

wait();

} catch(Exception e) {}

}

}

}
```

Note que para iniciar el Thread, en realidad llamamos al método start( ) y no al método run( ).

```
public class EjemploThreads {

public static void main(String[] args) {
```

```
EjemploThreads ej = new EjemploThreads();

ej.ejecutar();

}

public void executar() {

MiThread m = new MiThread();

m.start();

for( int i=0; i<100; i++ ) {

System.out.println("Normal-"+i);

try {

wait(1);

} catch(Exception e) {}

}

}

}
```

Cuando la clase implementa la interfaz Runnable, en lugar de extender la clase Thread, el thread se debe crear, pasando la clase que implementa Runnable como un parámetro.

```
public class MiThread implements Runnable {

public void run() {

for( int i=0; i<100; i++ ) {

System.out.println("Thread : "+i);

try {

wait();

} catch(Exception e) {}

}

}

}



public class EjemploThreads {

public static void main(String[] args) {
```

```
EjemploThreads ej = new EjemploThreads();

ej.ejecutar();

}



public void executar() {

MiThread m = new MiThread();

Thread t = new Thread( m );

t.start();

for( int i=0; i<100; i++ ) {

System.out.println("Normal-"+i);

try {

wait(1);

} catch(Exception e) {}

}

}
```

```
}
```

JAVA EN LA WEB

INTERNET Y EL PROTOCOLO HTTP

Las aplicaciones desarrolladas para Internet, en su mayoría, se acceden a través de los navegadores (navegadores web), lo que significa que utilizan el protocolo HTTP (o

HTTPS - HTTP sobre SSL - Secure Socket Layer) para la comunicación y los datos de tráfico en Red.

Este protocolo se basa en el modelo de solicitud y respuesta. El cliente es el que siempre hace una solicitud a un servidor, el que, a su vez, procesa y genera una respuesta devuelta al cliente.

En este punto, la conexión entre el cliente y el servidor está cerrada, es decir, no hay ninguna sesión establecida. Entre estos dos puntos de comunicación, el cliente abre una conexión con el servidor, envía una solicitud, recibe la respuesta y cierra la conexión.

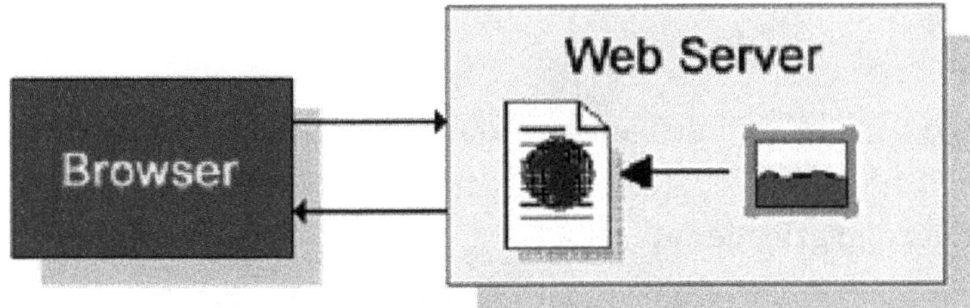

Toda la comunicación con el servidor se inicia con una solicitud del cliente (navegador) en el servidor. Después de que el servidor procesa la solicitud, devuelve una respuesta al

cliente. La solicitud se inicia cuando se escribe una URL en la barra de direcciones, se hace clic sobre un enlace o se envía un formulario.

Ejemplo de una solicitud HTTP:

GET /servlet/MiServlet HTTP/1.1

Accept: text/plain; text/html

Accpet-Language: pt-br

Connection: Keep-Alive

Host: localhost

Referer: http://localhost/paginaTest.htm

User-Agent: Mozilla/4.0 (compatible; MSIE 4.01; Windows XP) Content-

Length: 33

Content-Type: application/x-www-form-urlencoded

Accept-Encodig: gzip, deflate

Nome=Angel&Apellidos=García

Tipos de solicitudes: POST, GET, HEAD, PUT, DELETE y TRACE.

Ejemplo de respuesta HTTP:

HTTP/1.1 200 OK

Server: Microsoft-IIS/4.0

Date: Mon, 20 Jan 2014 03:00:00 GMT

Content-Type: text/html

Last-Modified: Mon, 21 Jan 2014 03:33:00 GMT

Content-Length: 85

<html>

<head>

<title>Ejemplo de respuesta HTTP</title>

</head>

<body></body>

</html>

El contenido en sí viene en respuesta a las solicitudes, por lo general en forma de HTML, como el ejemplo anterior.

Los dos tipos de solicitudes principales y más utilizadas son GET y POST. Estas tienen algunas diferencias básicas pero importantes:

GET

- Puede enviar un máximo de 255 caracteres de información
- La información formará parte de la URL (sin contraseña)
- El navegador o el proxy almacena en caché la URL de la página
- Se crea cuando se introduce una URL o a través de un link o con el método GET de formulario

POST

- Puede enviar información de contenido sin límites
- Puede enviar mensajes de texto y binarios (por ejemplo, archivos)
- El navegador o el proxy no hacen caché de la URL de la página
- Se crea mediante un método POST de un formulario

El HTML

HTML (Hyper Text Markup Language) es el código interno de una página web. Es un lenguaje de marcado por etiquetas. Es muy simple, el navegador interpreta estas etiquetas HTML y crea una respuesta visual al internauta que es la página HTML.

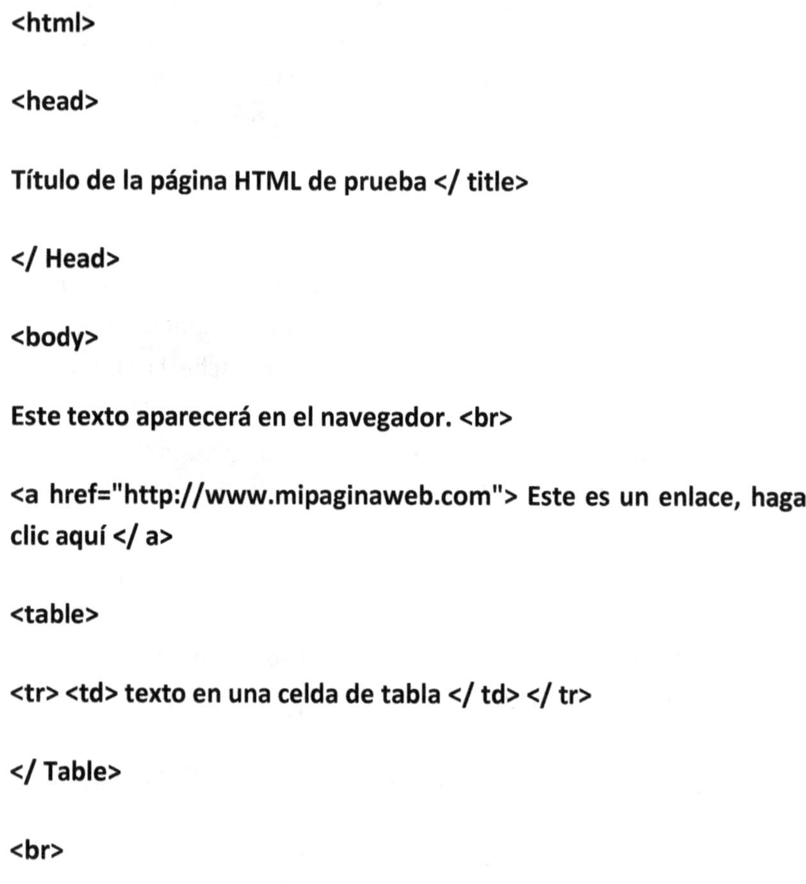

<html>

<head>

Título de la página HTML de prueba </ title>

</ Head>

<body>

**Este texto aparecerá en el navegador.
**

<a href="http://www.mipaginaweb.com"> Este es un enlace, haga clic aquí </ a>

<table>

<tr> <td> texto en una celda de tabla </ td> </ tr>

</ Table>

**
**

```
<img src="image.jpg" alt="A picture">

<br> <h1> texto grande  - Encabezado - </ h1>

<font size="2" color="red"> o Normal </ font>

</ Body>

</ Html>
```

LA TECNOLOGÍA JAVA PARA LA WEB

La tecnología Java permite escribir aplicaciones robustas y seguras para ejecutar en el entorno de Internet. Esto es posible a través de la tecnología Java Servlets y JavaServer Pages (JSP).

Los servlets son clases Java que se adaptan a las solicitudes HTTP.

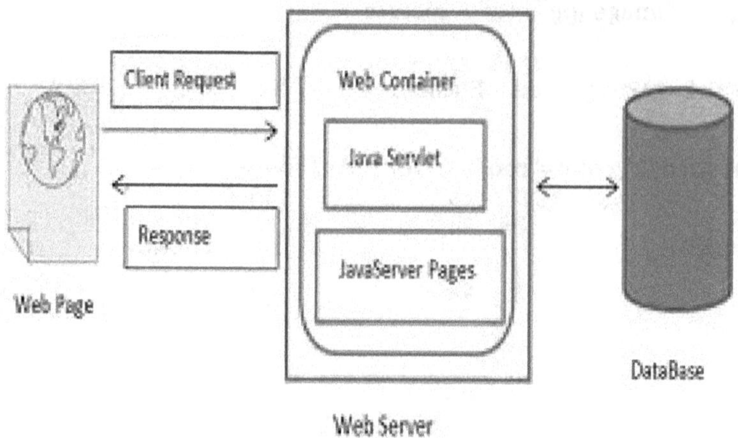

JSP son documentos HTML con código Java embebido. Se utilizan principalmente como una interfaz gráfica para el cliente web.

La arquitectura de las aplicaciones web por lo general sigue el modelo de tres capas, como vemos a continuación:

- Contenedor Web
- JSP
- Servlet
- Clases
- BD

El Servidor de Java es donde están almacenados los Servlets, los JSP y las clases de negocio de su aplicación. El Servidor Java atiende a las solicitudes de los servicios que le hayan hecho, invocando los recursos solicitados, tales como Servlets, JSP, HTMLs, imágenes, etc, así como un servidor web, extendiendo la funcionalidad de los servidores Web que prestan servicios a las aplicaciones Java.

Estos servidores son conocidos como contenedores de servlets, o contenedores web. Hay varios servidores de Java, uno de ellos muy bueno y gratuito, es Apache Tomcat.

Otros servidores más completos que implementan la Especificación J2EE y puede encontrar interesantes son: JBoss, IBM Web Sphere, Bea Web Logic, Oracle OC4J, y otros.

Asegúrese de tener el JDK (J2SE) instalado en su máquina.

Descargue la última versión del binario de Apache Tomcat en el mismo sitio de Apache. El binario viene empaquetado en un archivo zip.

Descomprima el archivo zip en el directorio en el que desea tener instalado Tomcat (por ejemplo: "C: \").

Edite el archivo catalina.bat (catalina.sh, Linux), que está en el directorio bin, añadiendo la siguiente línea (en Linux omitir la palabra SET):

SET JAVA_HOME = C: \ ruta-a-su-jdk

Ejecute el archivo *startup.bat.*

Su Tomcat ya está instalado y configurado para ejecutarse sus primeras aplicaciones web. Ir a: http://localhost:8080 o http://127.0.0.1:8080. También puede configurar el puerto predeterminado (8080) a otro puerto, por ejemplo, el puerto 80, editando el fichero del TOMCAT /config/server.xml.

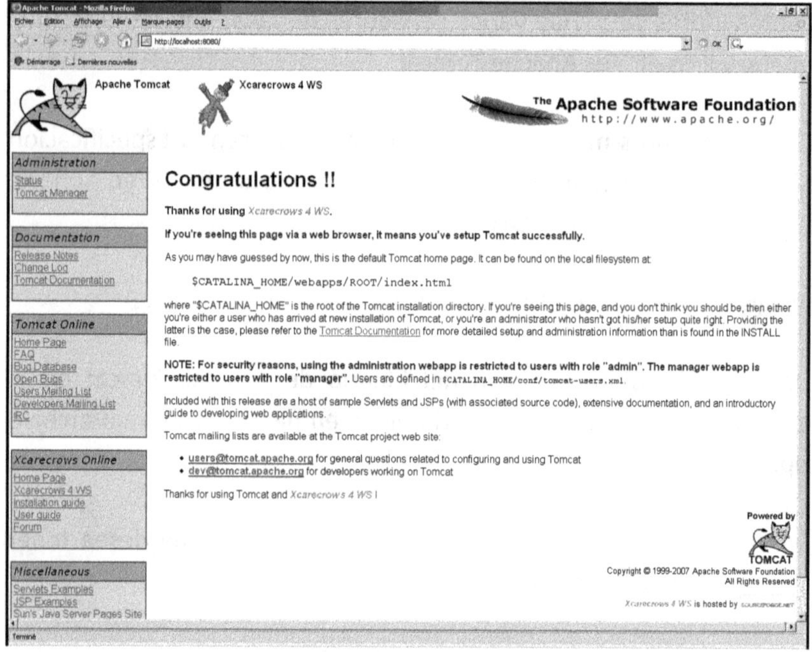

Archivo: web \ MiPrimerServlet.java

```
package web;

import java.io.*;

import javax.servlet.*;

public class MiPrimerServlet extends GenericServlet {

public void service(ServletRequest req, ServletResponse res)

throws IOException, ServletException {

res.setContentType("text/html");

PrintWriter out = res.getWriter();
```

```
out.println("<html>");

out.println("<head>");

out.println("<title>Mi Primer Servlet</title>");

out.println("</head>");

out.println("<body>");

out.println("Probando mi primer servlet");

out.println("</body>");

out.println("</html>");

}

}
```

Compilar el primer Servlet

Como podemos ver en el código anterior, nuestro MiPrimerServlet no es más que una clase. Es la clase de Java que extiende el *javax.servlet.GenericServlet.* GenericServlet es una clase abstracta básica que implementa la interfaz *Javax.servlet.Servlet* y define el método abstracto *() service*, que deben ser implementadas por las subclases para definir el código de ejecución del servicio servlet.

Para crear Servlets, necesitará las clases *javax.servlet* y el paquete *javax.servlet.http.*

Estas clases pertenecen a la API Java Servlet, que no es parte de J2SE, pero si del J2EE. Tomcat viene con este paquete, y si alguna versión no lo incluyera, lo podemos instalar.

Para compilar el código, es necesario incluir en la ruta el archivo *servlet-api.jar* en el directorio TOMCAT\common\lib\. Una vez incluido, podemos compilar el código escribiendo el siguiente código:

javac-classpath C:\jakarta-tomcat-5.0.16\common\lib\servlet-api.jar web\MiPrimerServlet.java

El archivo .class es generado, normalmente, como cualquier clase de java compilada. Ahora ya tenemos la clase servlet compilada, ya se puede poner a trabajar en el servidor Web de servlets. A esta tarea la llamamos a *deploy.* El deploy se desarrolla de la siguiente manera: En primer lugar, crear un directorio con el nombre de nuestra aplicación, por ejemplo, *curso.* Este directorio debe estar dentro del directorio \tomcat\webapps. Cada directorio dentro de *webapps* es una aplicación web diferente. Una aplicación puede contener Servlets y docenas de otros recursos, como JSP, HTML, etc. Los recursos tales como JSP, HTML, imágenes y otros se encuentran en la carpeta raíz de la aplicación o en subcarpetas.

El directorio *WEB-INF* contiene los archivos de configuración de su aplicación e los archivos de deploy. El directorio *classes* debe contener las clases de su aplicación. En el directorio *lib* van los jars (libs) de su aplicación. Sus clases, en lugar de desagruparlas podría empaquetarlas en un jar y estar también en el directorio. Los archivos como imágenes, HTML y otros deben ir en el directorio raíz, *curso.*

Después de haber colocado el archivo *MiPrimerServlet.class* dentro de \classes\web\, debemos crear un archivo de configuración para él, denominado el *deployment descriptor,* o simplemente el *web.xml.* El archivo *web.xml* es un archivo XML que describe la configuración para cada aplicación web del Web container, y contiene información de los servlets de la aplicación y otros ajustes. Lo deberá crear en el directorio *WEB-INF.*

DEPLOYMENT DESCRIPTOR (WEB.XML)

Los archivos XML también están marcados por etiquetas. Estas etiquetas las puede establecer usted, y no sólo utilizar etiquetas predefinidas, como en el código HTML. Las etiquetas definen la estructura de los datos. El archivo web.xml debe estar escrito con las etiquetas ya definidas por la especificación de J2EE Servlets.

```
<?xml version="1.0" encoding="ISO-8859-1"?>

<!DOCTYPE web-app PUBLIC "-//Sun Microsystems, Inc.//DTD Web
Application 2.3//EN" "http://java.sun.com/dtd/web-
app_2_3.dtd">
```

```
<web-app>

<description>Aplicación del Curso de Java</description>

<display-name>Curso de Java</display-name>

<servlet>

<servlet-name>PrimerServlet</servlet-name>

<servlet-class>web.PrimerServlet</servlet-class>

</servlet>

<servlet-mapping>

<servlet-name>PrimerServlet</servlet-name>

<url-pattern>/PrimerServlet</url-pattern>

</servlet-mapping>

</web-app>
```

EJECUCIÓN DEL PRIMER SERVLET

Finalmente, ya podemos ejecutar nuestro primer servlet, que sólo va a generar un sencillo mensaje en la pantalla del navegador. Después configuramos el *web.xml* y proporcionamos los archivos correctamente, y finalmente, reiniciamos el Tomcat.

Ahora podemos llamar, o solicitar, nuestro primer servlet. Para ello, abra un navegador y escriba la siguiente dirección URL:

http://localhost:8080/curso/MiPrimerServlet

El resultado será una pantalla como esta:

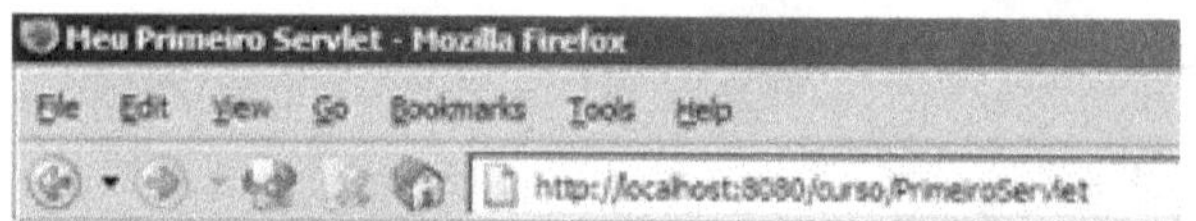

Prueba de Mi Primer Servlet

Los paquetes *javax.servlet* y *javax.servlet.http* son los que proporcionan soporte a los servlets. Estos contienen clases e interfaces que son muy importantes para la comprensión general de sus funcionalidades. Ellos son:

- **Paquete: *javax.servlet*** - Este paquete es un servlet genérico, independiente del protocolo.
    - Servlet
    - GenericServlet
    - ServletRequest
    - ServletResponse

- ServletContext
- ServletConfig
- RequestDispatcher
- ServletException
- SingleThreadModel
- ServletOutputStream
- ServletInputStream
- ServletConextListener
- ServletContextAttributeListener
- UnavailableException
- ServletContextEvent
- ServletContextAttributeEvent
- Filtro
- FilterConfig
- FilterChain

- **Paquete: *javax.servlet.http*** - Extiende la funcionalidad del paquete javax.servlet para los servlets de protocolo http.
  - HttpServlet
  - HttpServletRequest
  - HttpServletResponse
  - HttpSession
  - Cookie
  - HttpSessionListener
  - HttpSessionAttributeListener
  - HttpSessionEvent
  - HttpSessionBindingEvent

La interfaz *javax.servlet.Servlet* es la fuente de toda la programación de servlets, es la abstracción central de esta tecnología. Cada servlet debe implementar esta interfaz, directa o indirectamente.

Esta interfaz tiene cinco métodos:

- ***init (ServletConfig conf)*** *– Es llamado por el Servlet Container para iniciar el servlet.*
- ***service (ServletRequest req, ServletResponse res)*** - *Lo llama el Servlet Container que el servlet responda a sus solicitudes. Aquí es donde el servlet va a interactuar con las solicitudes, hacer* el *procesamiento y generar una respuesta.*
- ***destroy ()*** *– Es llamado por el Servlet Container en el momento de la destrucción del servlet para limpiar recursos (cleanup).*
- ***ServletConfig GetServletConfig ()*** - *Devuelve un objeto ServletConfig, que contiene la configuración del servlet.*
- ***String GetServletInfo ()*** - *La implementación de este método debe devolver información acerca del servlet.*

El ciclo de Vida de los Servlets

Los Servlets tienen un ciclo de vida bien definido, que es gestionado por el Servlet Container. La comprensión de este ciclo de vida es muy importante:

1. init (): El método *init ()* se ejecuta sólo una vez, cuando el servlet es cargado por el Servlet Container, después, el servlet es capaz de responder a solicitudes:

public void init (config ServletConfig) throws ServletException

2. service (): El método *service ()* es llamado por el Servlet Container cada vez que el servlet recibe una solicitud:

service public void (ServletRequest req, ServletResponse res)

throws ServletException, java.io.IOException

3. destroy (): El método *destroy ()* es llamado por el Servlet Container en la destrucción, es cuando se descarga una instancia o cuando el contenedor está off:

PUBLIC VOID DESTROY ()

El método *init (),* definido en la interfaz *javax.servlet.Servlet,* sólo se ejecuta cuando se carga el servlet, es decir, la carga inicial del contenedor, o cuando el contenedor crea nuevas instancias al Servlet. Cada contenedor puede implementar al mismo tiempo soporte para múltiples instancias de un servlet, en lugar de utilizar una sola instancia para responder a múltiples solicitudes.

El método toma un parámetro del tipo ServletConfig, que es la clase que contiene la

configuración del servlet definido en el *deployment descriptor,* el web.xml. Una referencia a Objeto ServletConfig es mantenida gracias a la implementación del método de clase GenericServlet. Este es el método que responde a las solicitudes realizadas a los servlets. El método toma dos parámetros importantes, el ServletRequest y el ServletResponse. Estos representan a la respuesta generada por el servlet y generada por el cliente, respectivamente.

El método *service ()* es el punto en el que debemos codificar la ejecución del servlet. La interacción con el cliente se lleva a cabo a través de los parámetros que recibe (solicitud y respuesta). La clase ServletRequest contiene métodos para extraer información de los clientes en el momento de la solicitud, como parámetros e información del cliente. Con la clase ServletResponse, podemos comunicarnos con el cliente, informando los datos de las respuesta al cliente, tal como el HTML generado u otra información. Esta respuesta se envía por medio streams.

```
package web;

import javax.servlet.*;

public class ServletSimples implements Servlet {

private ServletConfig servletConfig;

public void init( ServletConfig config ) throws ServletException {
```

```
System.out.println("Servlet.init()");

this.servletConfig = config; //guarda la referencia al ServletConfig

}

public void service( ServletRequest req, ServletResponse res )

throws ServletException, java.io.IOException {

System.out.println("Servlet.service()");

}

public void destroy() {

System.out.println("Servlet.destroy()");

}

public ServletConfig getServletConfig() {

return this.servletConfig;

}

public String getServletInfo() {

return "Servlet Simples";
```

}

}

La interfaz ServletConfig representa la configuración del servlet, se realiza en el *web.xml,* y es muy bien sencillo de usar. Esta interfaz tiene los siguientes métodos:

- **String GetInitiParameter (String name)** - Devuelve el valor del parámetro especificado por el *nombre* o *null* si el parámetro no existe en la configuración.
- **Enumeration GetInitParameterNames ()** - Devuelve una enumeración de la secuencia con los nombres de todos los parámetros configurados.
- **ServletContext getServletContext ()** - Devuelve el ServletContext de la aplicación del servlet.
- **String GetServletName ()** - Devuelve el nombre de la configuración especificado en el servlet.

Esta interfaz solo permite recuperar los valores, pero no permite el cambio.

Los ajustes se encuentran en el *deployment descriptor,* en el archivo *web.xml.* Estos valores están dentro de la etiqueta <init-param>, que está dentro de la configuración <servlet>.

Ahora vamos a configurar el archivo web.xml, con los parámetros iniciales del servlet:

```
<web-app>

<servlet>

<servlet-name> MiPrimerServlet </ servlet-name>

<servlet-class> web.MiPrimerServlet </ clase servlet>

<init-param>

<param-name> PARAM1 </ param-name>

<param-value> VALUE1 </ param-value>

</ Init-param>

<init-param>

<param-name> PARAM2 </ param-name>

<param-value> VALOR2 </ param-value>

</ Init-param>

</ Servlet>

</ Web-app>
```

El método *init ()*, por ejemplo, puede listar los parámetros configurados para el servlet:

```
public void init( ServletConfig config ) throws ServletException {

Enumeration enum = config.getInitParameterNames();

while( enum.hasMoreElements() ) {

String param = (String) enum.nextElement();

System.out.println( param + ": " + config.getInitParameter(param) );

}

}
```

El ServletContext es la interfaz que representa el entorno de aplicación. Cada aplicación web sólo tiene un ServletContext. Esta interfaz tiene métodos para obtener la información de configuración de la aplicación servidor, para iniciar la sesión, recursos de aplicaciones de acceso, y otras características que veremos más adelante.

El ServletContext también sirve para compartir información con cualquier aplicación.

```
Enumeration enum = getServletContext().getInitParameterNames();

while( enum.hasMoreElements() ) {

String param = (String) enum.nextElement();
```

System.out.println(param + ": " + config.getInitParameter(param));

}

InputStream is = getServletContext().getResourceAsStream("/WEB-INF/arq.txt");

//ler dados do arquivo pelo InputStream

is.close();

getServletContext().log("Mensaje a ser guardado en el log de la aplicación");

getServletConfig().getServletContext(); //otra manera de pegar el contexto

Los objetos almacenados en el ServletContext estarán disponibles para cualquier aplicación, es decir, estos datos serán almacenados en el ámbito de la aplicación. Sin embargo, como el ServletContext es compartida por cualquier aplicación, este no es un buen lugar para almacenar datos para un cliente específico.

package web;

import javax.servlet.*;

public class GuardaValorServlet extends GenericServlet {

private static int i = 0;

```
public void service( ServletRequest req, ServletResponse res )

throws ServletException, java.io.IOException {

getServletContext().setAttribute("contador", new Integer(++i));

}

}

package web;

import javax.servlet.*;

public class MuestraValorServlet extends GenericServlet {

public void service(ServletRequest req, ServletResponse res )

throws ServletException, java.io.IOException {

res.getWriter().println(
getServletContext().getAttribute("contador") );

}

}
```

La interfaz ServletRequest encapsula y gestiona la solicitud realizada por el cliente web. Esta ofrece métodos para extraer los datos de la solicitud. Esta clase sirve servlets para cualquier protocolo. Pero vamos a profundizar sólo en el protocolo HTTP. Por lo tanto, veremos las características de esta clase y sus funciones extendidas para el protocolo HTTP en la interfaz *javax.servlet.http.HttpServletRequest.*

La interfaz ServletResponse encapsula y gestiona la respuesta enviada al cliente web. Esta proporciona métodos para la escritura de datos en la respuesta. Esta clase sirve servlets para cualquier protocolo. Pero vamos a profundizar sólo en el protocolo HTTP. Por lo tanto, veremos las funciones de esta clase y sus funciones extendidas para el protocolo HTTP en la *interfaz javax.servlet.http.HttpServletResponse.*

HttpServlet es una clase abstracta que extiende la clase *javax.servlet.GenericServlet,* implementa el método *service (),* y añade un nuevo método con la firma:

protected void service (HttpServletRequest req, HttpServletResponse) throws

ServletException, java.io.IOExeption;

Tenga en cuenta que, a diferencia de *javax.servlet.Servlet,* el método de *service ()* ahora recibe dos nuevos Parámetros: HttpServletRequest y HttpServletResponse, que son clases que representan el request y el response del protocolo HTTP, respectivamente. Este método no es abstracto. La clase HttpServlet extiende la funcionalidad de GenericServlet para el protocolo HTTP. La clase añade algunos métodos propios para satisfacer los diferentes tipos de solicitudes.

Todos los métodos reciben dos argumentos (HttpServletRequest y HttpServletResponse). El método *service ()* del HttpServlet analiza el tipo de solicitud y dirige la llamada al método más adecuado.

Por ejemplo:

```
package web;

import java.io.*;

import javax.servlet.*;

import javax.servlet.http.*;

public class TesteServlet extends HttpServlet {

public void doPost(HttpServletRequest req, HttpServletResponse res)

throws IOException, ServletException {

res.setContentType("text/html");

PrintWriter out = res.getWriter();

out.println("Método doPost( )");

}
```

```
public void doGet(HttpServletRequest req, HttpServletResponse res)

throws IOException, ServletException {

res.setContentType("text/html");

PrintWriter out = res.getWriter();

out.println("Método doGet( )");

}

}
```

Para probar nuestro PruebaServlet y llamar a los diferentes métodos, creamos un

HTML que tenga los dos métodos GET y POST. Crea el archivo test.htm en la carpeta del *curso,* y el codificar así:

```
<html>

<head>

<title>Prueba</title>

</head>

<body>
```

```
<a href="PruebaServlet">Llamar PruebaServlet vía GET</a>

<br><br>

<form name="test" method="POST" action="PruebaServlet">

<input type="submit" name="ok" value="Llamar vía POST">

</form>

</body>

</html>
```

La página muestra un vínculo y un botón de formulario. Al hacer clic en el enlace, el navegador va a hacer una solicitud GET. Al hacer clic en el botón del formulario el navegador hará una solicitud POST. Haga varias pruebas y compruebe el resultado generado. Si el atributo *method* de la etiqueta de *form* se cambia a GET, el formulario hará una solicitud GET.

Las solicitudes y las respuestas es todo lo que gestionan los servlets, después de todos los servlets reciben solicitudes, y generan respuestas.

Para el protocolo de aplicaciones web HTTP, hay dos clases:

javax.servlet.http.HttpServletRequest y

javax.servlet.http.HttpServletResponse que rpresentan a la solicitud y a la respuesta, respectivamente. Estas clases extienden las clases *javax.servlet.ServletRequest* y *javax.servlet.ServletResponse,* añadiendo funcionalidades extra para los Servlets HTTP.

Los parámetros pueden ser enviados de las siguientes maneras: a través de una cadena con la consulta en la dirección URL o vía formulario.

La cadena con la consulta en la URL:

http://localhost:8080/curso/SuServlet?param1=valor1¶m2=valor2¶m2=valor2.1

La cadena de consulta se inicia después del nombre de la función, seguido por el carácter ?. Cada parámetro es separados por el carácter &. Hay que introducir el valor del parámetro al lado de su nombre, separados por el carácter =, formando un dato del tipo clave = valor. Un mismo parámetro puede contener más de un valor, la repitiendo la clave en la cadena de consulta.

Los caracteres especiales (como el espacio, &) se tienen que mapear para el formato URL.

El envío de los parámetros a través del formulario HTML:

<html>

<head>

```
Título del Formulario de Prueba </ title>

</ Head>

<body>

<form name="teste" method="POST" action="SuServlet">

<b> Nombre: </ b> <input type="text" name="nombre"> <br>

<b> Contraseña: </ b> <input type="password" name="contraseña"> <br>

<b> Sexo: </ b> <input type="radio" name="sexo" value="M"> Men.

<input type="radio" name="sexo" Mujeres value="F"> <br>

<b> Aficiones: </ b> <br>

<input type="checkbox" name="hobbie" value="Cine"> Cine <br>

<input type="checkbox" name="hobbie" value="Fútbol"> Fútbol |

<input type="checkbox" name="hobbie" value="Música"> Music Foto

<input type="submit" name="enviar" value="Enviar">

<input TYPE="reset" name="limpar" value="Limpiar">
```

</ Form>

</ Body>

</ Html>

La interfaz HttpServletRequest representa y maneja la solicitud del cliente, ofreciendo métodos de la Superclase ServletRequest, y agrega cookies para el soporte y las sesiones. Esta interfaz define los siguientes métodos para recuperar el valor de los parámetros pasados:

String getParameter (String nombre) - Devuelve el valor del parámetro introducido o *null* si el valor no fue pasado o no existe.

String [] getParameterValues (String nombre) - Devuelve una matriz de cadenas si el parámetro tiene múltiples valores.

Enumeration GetParameterNames () - Devuelve una enumeración de los nombres de todos los parámetros enviados.

String getHeader (String nombre) - Devuelve el valor de la cabecera (header) enviada.

Enumeration GetHeaders (String nombre) - Devuelve una enumeración con los valores de la cabecera.

Enumeration GetHeaderNames () - Devuelve una enumeración que contiene los nombres de todos los encabezados.

Estos métodos son comunes con el ServletRequest, por lo tanto, la clase se puede utilizar para cualquier otro protocolo más allá del HTTP.

La recuperación de los parámetros enviados en la solicitud:

```
package web;

import java.util.*;

import javax.servlet.*;

import javax.servlet.http.*;

public class PruebaRequestServlet extends HttpServlet {

public void service(HttpServletRequest req, HttpServletResponse res)

throws ServletException, java.io.IOException {

res.setContentType("text/html");

PrintWriter out = res.getWriter();

out.println("NOMBRE:" + req.getParameter("nome") );

Enumeration e = req.getParameterNames();

while( e.hasMoreElements() ) {
```

```
String param = (String) e.nextElement();

out.println( param + ": " + req.getParameter(param) + "<BR>" );

}

}

}
```

Escriba el deploy del servlet y luego llame a la siguiente URL:

http://localhost:8080/curso/TesteRequestServlet?nombre=Manuel &apellido=Lopez.

Ahora pruebe ha pasar los parámetros a través del formulario HTML que hemos visto anteriormente.

Recuperando las cabeceras enviadas en la solicitud:

```
package web;

import java.util.*;

import javax.servlet.*;

import javax.servlet.http.*;

public class PruebaHeaderServet extends HttpServlet {
```

```
public void service(HttpServletRequest req, HttpServletResponse
res)

throws ServletException, java.io.IOException {

res.setContentType("text/html");

PrintWriter out = res.getWriter();

out.println("User-Agent:" + req.getHeader("User-Agent") );

Enumeration e = req.getHeaderNames();

while( e.hasMoreElements() ) {

String header = (String) e.nextElement();

out.println( header + ": " + req.getHeader( header ) + "<br>" );

}

}

}
```

La interfaz HttpServletResponse representa y maneja la respuesta al cliente, ofreciendo métodos de la Superclase ServletResponse, y añade métodos adicionales. Esta interfaz define los siguientes métodos:

- **setContentType (String type)** - Indica el tipo de respuesta que se enviará. Este método, cuando se utiliza, debe ser utilizado antes de enviar cualquier respuesta al cliente.
- **java.io.PrintWriter getWriter ()** - Devuelve un objeto PrintWriter que se utiliza para enviar la respuesta al cliente, por lo general en forma de texto, HTML o XML.
- **java.io.OutputStream getOutputStream ()** - Devuelve un objeto OutputStream, que se utiliza para enviar la respuesta binaria al cliente. Puede generar una imagen o un documento y enviar los bytes en este.
- **setHeader (String nombre, String value)** - Establece un nuevo par nombre/valor de encabezado.
- **addHeader (String nombre, String value)** - Añade un par de nombre/valor de una cabecera.
- **boolean containsHeader (String nombre)** - Indica si la cabecera ya existe.
- **setStatus (int code)** - Establece el código de respuesta.
- **setStatus (int code, String msg)** - Establece el código de respuesta y el mensaje.
- **sendRedirect (String url)** - Establece la URL donde será redirigida la página.

Envío de una respuesta HTML al cliente:

```
package web;

import java.io.*;

import javax.servlet.*;
```

```
import javax.servlet.http.*;

public class PruebaResponseServlet extends HttpServlet {

public void service(HttpServletRequest req, HttpServletResponse res)

throws IOException, ServletException {

res.setContentType("text/html");

PrintWriter out = res.getWriter();

out.println("<html><head><title>Mi Primer Servlet</title></head>");

out.println("<body>Prueba del HttpServletResponse</body>");

out.flush(); //fuerza el envío de los datos del buffer

out.println("</html>");

}

}
```

Envío del estado de respuesta al cliente:

```
package web;
```

```
import java.io.*;

import javax.servlet.*;

import javax.servlet.http.*;

public class PruebaResponseServlet extends HttpServlet {

public void service( HttpServletRequest req, HttpServletResponse
res )

throws IOException, ServletException {

boolean acessoOK = false;

//verifica el acceso del usuario

if( acessoOK ) {

res.setStatus( 200 ); //Status de OK

} else {

res.setStatus( 403, "El Usuario NO tiene permiso de acceso" );

}

}

}
```

Redirigir la página del cliente:

```
package web;

import java.io.*;

import javax.servlet.*;

import javax.servlet.http.*;

public class PruebaResponseServlet extends HttpServlet {

public void service( HttpServletRequest req, HttpServletResponse
res )

throws IOException, ServletException {

boolean accesoOK = false;

//verifica el acceso del usuario

if( “noticia”.equals( req.getParameter(“area”) ) ) {

res.sendRedirect( “http://www.otrapaginaweb.com” );

} else {

PrintWriter out = res.getWriter();

out.println(“No se informó el área!”);
```

```
}
}
}
```

Servlet que envía un archivo jar:

```
package web;
import java.io.*;
import javax.servlet.*;
import javax.servlet.http.*;
public class JarServlet extends HttpServlet {
public void service(HttpServletRequest req, HttpServletResponse res)
throws IOException, ServletException {
res.setContentType("application/jar");
OutputStream out = res.getOutputStream();
String jar = "/archivo.jar";
InputStream is = getServletContext().getResourceAsStream( jar );
```

```
byte b = -1;

while( (b = (byte)is.read()) > -1 ) {

out.write( b );

}

out.flush(); //fuerza el envío de los datos del buffer

}

}
```

A veces podemos decidir remitir la solicitud a otro recurso, después del procesamiento de nuestro servlet. Imagine un servlet que hace el procesamiento y genera una respuesta, pero queremos que en caso de error pase la solicitud a otro recurso. Para ello hay que utilizar el RequestDispatcher. La solicitud y la respuesta se pasa a la siguiente función.

Ejemplo:

```
package web;

import java.io.*;

import javax.servlet.*;
```

```
import javax.servlet.http.*;

public class ProcesoServlet extends HttpServlet {

public void service( HttpServletRequest req, HttpServletResponse
res )

throws IOException, ServletException {

try {

//hace el procesamiento y genera una salida

} catch( Exception e ) {

//en caso de que el procesamiento genere una excepción, se remite
a la página de error

RequestDispatcher rd =

getServletContext().getRequestDispatcher("/error.htm");

rd.forward( req, res );

}

}

}
```

La misma clase RequestDispatcher permite, que después despachar hacia otro recurso, pueda incluir otro recurso sobre el procesamiento actual.

```
package web;

import javax.servlet.*;

import javax.servlet.http.*;

public class IncludeServlet extends HttpServlet {

public void service( HttpServletRequest req, HttpServletResponse res)

throws java.io.IOException, ServletException {

res.getWriter().println("Recurso 1");

RequestDispatcher rd = getServletContext().getRequestDispatcher("/IncluidoServlet");

rd.include( req, res );

}

}

package web;
```

```
import javax.servlet.*;

import javax.servlet.http.*;

public class IncluidoServlet extends HttpServlet {

public void service( HttpServletRequest req, HttpServletResponse res)

throws java.io.IOException, ServletException {

res.getWriter().println("Recurso 2");

}

}
```

Cuando hacemos *forward ()* o *include ()* a otro recurso, se pasan los datos de la solicitud y de la respuesta al recurso solicitado, por ello también podemos aprovecharnos de las ventajas de los recursos de la solicitud de pasar una nueva información a los siguientes recursos. Para ello, la clase HttpServletRequest proporciona métodos:

- **void setAttribute (String name, Object value)** - Agrega el objeto pasado en la sesión, utilizando el nombre de especificado.
- **Object getAttribute (String name)** - Devuelve el objeto almacenado en la sesión al que se hace referencia por un nombre especificado.

Ejemplo:

```
package web;

import javax.servlet.*;

import javax.servlet.http.*;

public class PasarInfoServlet extends HttpServlet {

public void service( HttpServletRequest req, HttpServletResponse res )

throws java.io.IOException, ServletException {

Integer i = new Integer( req.getParameter("valor") );

i = new Integer( i.intValue() * 123 ); //hace un cálculo cualquiera

req.setAttribute( "valor", i );

RequestDispatcher rd = getServletContext().getRequestDispatcher("/InclusoServlet");

rd.forward( req, res );

}

}
```

Los Servlets soportan la sesión de usuario. La sesión de usuario sirve como un repositorio de datos correspondiente a la sesión de un usuario en particular, manteniendo así el estado de la sesión de usuario. La interfaz que representa la sesión de usuario es *javax.servlet.http.HttpSession*.

La clase tiene los siguientes métodos:

- **void setAttribute (String name, Object value)** - Agrega el objeto pasado en la sesión, utilizando el nombre especificado.
- **Object getAttribute (String name)** - Devuelve el objeto almacenado en la sesión al que se hace referencia por su nombre especificado.

Para obtener el objeto HttpSession, utilizamos el método *getSession ()* de la clase HttpServletRequest. Se puede utilizar una sesión de usuario, por ejemplo, en un sistema de comercio electrónico para almacenar los artículos en el carrito de la compra del usuario, o para almacenar los datos de usuario de un sistema, cada vez que inicie sesión en el sistema.

Veamos el ejemplo de un servlet que hace el inicio de sesión de usuario en el sistema y mantiene la información del usuario en la sesión.

```
package web;

import javax.servlet.*;
```

```
import javax.servlet.http.*;

public class LoginServlet extends HttpServlet {

public void doPost( HttpServletRequest req, HttpServletResponse
res)

throws java.io.IOException, ServletException {

boolean validacionOK = true;

String usuario = req.getParameter("usuario");

String senha = req.getParameter("contraseña");

if( usuario==null || senha==null ) validacionOK = false;

//hace la validación del usuario

if( validacaoOK ) {

HttpSession sesion = req.getSession( true );

sesion.setAttribute( "usuario", usuario );

res.getWriter().println("Se ha logueado correcamente");

} else {

//el usuario no fue validado. Lo remite a la página de error de login
```

```
RequestDispatcher rd =
getServletContext().getRequestDispatcher("/errLogin.htm");

rd.forward( req, res );

}

}

}
```

Ahora usamos un servlet al que sólo se puede acceder si el usuario ha iniciado sesión.

```
package web;

import javax.servlet.*;

import javax.servlet.http.*;

public class AccesoRestringidoServlet extends HttpServlet {

public void service( HttpServletRequest req, HttpServletResponse
res)

throws java.io.IOException, ServletException {

HttpSession sesion = req.getSession( true );

String usuario = (String) sesion.getAttribute("usuario");
```

```
java.io.PrintWriter out = res.getWriter();

if( usuario != null ) {

out.println("El usuario tiene el acceso libre en el login.");

} else {

//el usuario no tiene un nombre en la sesión. No está logueado

out.println("<html><body><form method='post' action='LoginServlet'>");

out.println("Usuario: <input type='text' name='usuario'> <br>");

out.println("Contraseña: <input type='password' name='contraseña> <br>");

out.println("<input type='submit' value='OK'></form>");

out.println("</body></html>");

}

}

}
```

Como vimos en las clases HttpServletRequest, HttpSession y ServletContext, tenemos una manera común para compartir información y datos para cada uno de estos componentes.

Cada uno tiene su ámbito de aplicación definido. El alcance que tiene HttpServletRequest es la solicitud, es decir, que sólo es válida mientras la solicitud es válida. Al final de la respuesta esta expira. Cada usuario tiene un request por solicitud. Este es un buen lugar para almacenar los datos que se utilizarán en la propia solicitud.

El HttpSession tiene su ámbito en la sesión, es decir, es válido siempre y cuando la sesión del usuario este activa. El servidor identifica al usuario y deja una sesión válida, hasta que se invalida mediante programación o el tiempo de la sesión expira. Cada usuario tiene su propia sesión. Este es un buen lugar para guardar la información relevante del usuario y su período de sesiones.

El ServletContext tiene su ámbito en la aplicación, este es válido para cualquier aplicación, desde el inicio del servicio del servidor al final de la misma. Los datos almacenados en el mismo estarán accesibles a cualquier servlet o aplicación JSP. Este es un buen lugar para almacenar los datos y los recursos compartidos. Todas estas interfaces tienen los métodos:

- **void setAttribute (String name, Object value)** - Agrega el objeto pasado en su ámbito, utilizando el nombre especificado.

- **Object getAttribute (String name)** - Devuelve el objeto almacenado en su ámbito, al que hace referencia el nombre especificado.

Los Servlet Container pueden tener más de una instancia del mismo servlet activa, pero utiliza una paralela para responder a la solicitud de muchos usuarios, es decir, el contenedor puede utilizar el mismo servlet para responder a varias solicitudes en paralelo, ya que los servlets son *multi-thread*.

Hay una manera de coger los servlets mono procesados, pero esto tiene un gran impacto en la aplicación, porque cada solicitud sólo puede responderse después de que la solicitud anterior haya sido atendida, es decir, al final de la ejecución del servlet, y esto puede provocar un tiempo de respuesta muy largo.

La interfaz se convierte en un servlet mono procesado que es la interfaz SingleThreadModel.

```
package web;

import javax.servlet.*;

import javax.servlet.http.*;

public class MonoProcesadoServlet extends HttpServlet implements SingleThreadModel {

public void service( HttpServletRequest req, HttpServletResponse res)
```

```
throws java.io.IOException, ServletException {

try { Thread.sleep( 10000 ); } //espera 10 segundos

catch( Exception e ) {}

res.getWriter().println("Servlet Procesado");

}

}
```

Si llamamos a este servlet en dos ventanas separadas, veremos que la segunda llamada se necesitará tiempo para ejecutarse, ya que tiene que esperar a que el primero haya terminado.

Se puede saber cuando se produjo un evento con el ServletContext, es decir, en el contexto de la aplicación. El contenedor web nos informa acerca de estos eventos por medio de Listeners. Estos listeners pueden ser: de creación o de destrucción de contexto (ciclo de vida del contexto) y la adición, modificación o eliminación de algún atributo en su contexto. Para ello contamos con las interfaces ServletContextListener, ServletContextEvent, ServletContextAttributeListener ServletContextAttributeEvent y todo el paquete javax.servlet.

Las clases que implementan ServletContextListener sirven para responder a los eventos del ciclo de vida del contexto. Las clases deben implementar los siguientes métodos:

- **public void contextInitialized (ServletContextEvent e)** - Este método se invoca cuando el contexto es creado por el contenedor.
- **public void contextDestroyed (ServletContextEvent e)** - Este método se invoca cuando el contexto es destruido por el contenedor.

La interfaz ServletContextEvent tiene el método getServletContext () que devuelve el contexto de la aplicación.

Ejemplo:

```
public class MiContextoListener implements
javax.servlet.ServletContextListener {

public void contextInitialized( javax.servlet.ServletContextEvent e )
{

System.out.println( “Mi contexto fue iniciado...” );

}

public void contextDestroyed( javax.servlet.ServletContextEvent e )
{

System.out.println( “Mi contexto fue destruido...” );

}

}
```

Ahora necesitamos declarar el listener en el web.xml, para que el contenedor lo reconozca y lo ejecute. En el web.xml:

<web-app>

<listener>

<listener-class>MiContextoListener</listener-class>

</listener>

</web-app>

Ahora tenemos que declarar al oyente en web.xml para el contenedor de reconocer y ejecutar. En web.xml:

<web-app>

<listener>

<listener> MiContextoListener </listener-class>

</listener>

</web-app>

Pueden existir varios elementos <listener> dentro de un web.xml, para registrar todos los Listeners de la aplicación. Los elementos <listener> deben ir antes del elemento <servlet>.

También podemos ser notificados cuando se agrega, modifica o elimina cualquier atributo del contexto. Para ello utilizamos la interfaz ServletContextAttributeListener.

Las clases que implementan ServletContextAttributeListener deben implementar los siguientes métodos:

- **public void attributeAdded (ServletContextAttributeEvent e)** - Este método se invoca cuando se agrega un atributo al contexto.
- **public void attributeReplaced (ServletContextAttributeEvent e)** - Este método se invoca cuando se modifica o sustituye un atributo de contexto.
- **public void attributeRemoved (ServletContextAttributeEvent e)** - Este método se invoca cuando se elimina un atributo a partir del contexto.

La interfaz ServletContextAttributeEvent tiene el método getServletContext () que devuelve el contexto de la aplicación, además de los métodos getName () y getValue () que devuelve el nombre y el valor del atributo, respectivamente.

Ejemplo:

public class MiContextoAttributeListener

implements javax.servlet.ServletContextAttributeListener {

```
public void attributeAdded(
javax.servlet.ServletContextAttributeEvent e ) {

System.out.println( "Nuevo atributo: " + e.getName() + "=" +
e.getValue() );

}

public void attributeReplaced(
javax.servlet.ServletContextAttributeEvent e ) {

System.out.println( "Atributo modificado: " + e.getName() + "=" +
e.getValue() );

}

public void attributeRemoved(
javax.servlet.ServletContextAttributeEvent e ) {

System.out.println( "Atributo eliminado: " + e.getName() + "=" +
e.getValue() );

}

}
```

Para declarar el listener en el web.xml, seguimos los mismos pasos explicados anteriormente.

```
<web-app>
```

<listener>

<listener-class>MiContextoAttributeListener</listener-class>

</listener>

</web-app>

Así como los eventos de contexto, el contenedor puede notificarnos sobre los eventos de sesión, tanto sobre su creación, eliminación como de sus atributos. Para ello contamos con las interfaces HttpSessionListener, HttpSessionEvent y HttpSessionAttributeListener HttpSessionBindingEvent todo el paquete javax.servlet.http.

Las clases que implementan HttpSessionListener sirven para responder a los eventos del ciclo de vida de la sesión. Las clases deben implementar los siguientes métodos:

- **public void sessionCreated (HttpSessionEvent e)** - Este método se invoca cuando se crea la sesión en el contenedor.
- **public void sessionDestroyed (HttpSessionEvent e)** - Este método se invoca cuando la sesión es eliminada por el contenedor.

La interfaz tiene un método HttpSessionEvent getSession () que devuelve la sesión del usuario actual.

Ejemplo:

```
public class MiSesionListener

implements javax.servlet.http.HttpSessionListener {

public void sessionCreated( javax.servlet.http.HttpSessionEvent e ) {

System.out.println( “Sesión creada...” );

}

public void sessionDestroyed( javax.servlet.http.HttpSessionEvent e
) {

System.out.println( “Sesión eliminada...” );

}

}
```

Ahora necesitamos declarar el listener en la web.xml, para que el contenedor lo reconozca y lo ejecute. En el web.xml:

```
<web-app>

<listener>

<listener-class>MiSesionListener</listener-class>
```

</listener>

</web-app>

También podemos ser notificados cuando se agrega, modifica o elimina cualquier atributo de la sesión de usuario. Para ello utilizamos la interfaz HttpSessionAttributeListener. Las clases que implementan HttpSessionAttributeListener deben implementar los siguientes métodos:

- **public void attributeAdded (HttpSessionBindingEvent e)** - Este método se invoca cuando un atributo es agregado en el período de sesiones.
- **public void attributeReplaced (HttpSessionBindingEvent e)** - Este método se invoca cuando un atributo de la sesión se sustituye o modifica.
- **public void attributeRemoved (HttpSessionBindingEvent e)** - Este método se invoca cuando un atributo se elimina de la sesión.

La interfaz HttpSessionBindingEvent tiene el método getSession ()que devuelve la sesión del usuario, así como los métodos getName () y getValue () que devuelven el nombre y el valor del atributo, respectivamente.

Ejemplo:

```
public class MiSesionAttributeListener

implements javax.servlet.http.HttpSessionAttributeListener {

public void attributeAdded(
javax.servlet.http.HttpSessionBindingEvent e ) {

System.out.println( "Nuevo atributo: " + e.getName() + "=" +
e.getValue() );

}

public void attributeReplaced(
javax.servlet.http.HttpSessionBindingEvent e ) {

System.out.println( "Atributo modificado: " + e.getName() + "=" +
e.getValue() );

}

public void attributeRemoved(
javax.servlet.http.HttpSessionBindingEvent e ) {

System.out.println( "Atributo eliminado: " + e.getName() + "=" +
e.getValue() );

}

}
```

Para declarar el listener en el web.xml, seguimos los mismos pasos explicados anteriormente.

<web-app>

<listener>

<listener-class>MiSesionAttributeListener</listener-class>

</listener>

</web-app>

Los filtros se utilizan para interceptar las solicitudes realizadas al contenedor antes de que alcance el recurso solicitado. Puede trabajar con la solicitud (HttpServletRequest) y con la respuesta (HttpServletResponse), modificando sus estados.

Los filtros deben implementar la interfaz ***java.servlet.Filter***. La interfaz ***FilterConfig***, contiene ajustes de filtro, que se declaran en el ***web.xml***. La interfaz ***FilterChain*** se usa para pasar el comando al siguiente filtro, o al recurso solicitado, en caso de que sea el último filtro de la cadena.

Las clases que implementan la interfaz Filter deben implementar los siguientes métodos:

- **public void init (FilterConfig filterConfig)** - Este método es invocado por el contenedor cuando se crea el filtro. El objeto

FilterConfig que se pasa como argumento contiene la configuración del filtro.

- **public void doFilter (ServletRequest req, ServletResponse res, FilterChain string)** - Este método es invocado por el contenedor cuando se realiza una solicitud para un recurso, por lo que se asigna el filtro.
- **public void destroy ()** - Este método es invocado por el contenedor cuando se destruye el filtro.

La interfaz FilterConfig proporciona los siguientes métodos:

public String getFilterName ()

public String getInitParameter (String parameterName)

public java.util.Enumeration getInitParameterNames ()

pública ServletContext getServletContext ()

La interfaz FilterChain proporciona el siguiente método:

public void doFilter (ServletRequest req, ServletResponse res)

La implementación de las interfaces FilterConfig y FilterChain son ofrecidos por el propio contenedor.

Ejemplo de un filtro simple:

import javax.servlet.*;

```
public class MiFiltro implements Filter {

private FilterConfig filterConfig;

public void init( FilterConfig filterConfig ) {

this.filterConfig = filterConfig;

System.out.println( “MiFiltro se ha iniciado...” );

}

public void doFilter( ServletRequest req, ServletResponse res,

FilterChain chain ) {

System.out.println( “MiFiltro invocado – param1=” +

filterConfig.getInitParameter( “param1” ) );

chain.doFilter( req, res );

}

public void destroy() {

System.out.println( “MiFiltro eliminado” );

}
```

}

Ahora configuramos nuestro filtro en web.xml:

<web-app>

<filter>

<filter-name>MiFiltro</filter-name>

<filter-class>MiFiltro</filter-class>

<init-param>

<param-name>param1</param-name>

<param-value>valor1</param-value>

</init-param>

</filter>

<filter-mapping>

<filter-name>MiFiltro</filter-name>

<url-pattern>/*</ulr-pattern>

</filter-mapping>

```
<filter-mapping>

<filter-name>MiFiltro</filter-name>

<servlet-name>MiServlet</servlet-name>

</filter-mapping>

<servlet>

<servlet-name>MiServlet</servlet-name>

<servlet-class>web.MiServlet</servlet-class>

</servlet>

</web-app>
```

La tecnología Servlet también ofrece soporte para cookies. La clase Cookie representa una cookie que se almacena en el navegador del cliente. Para obtener las cookies del cliente, utilice un método de la solicitud:

- Cookies [] cookies = request.getCookies ();
- Para crear y agregar nuevas cookies en el cliente, basta con crear un objeto de tipo
- Cookie, almacenando el nombre y el valor de la cookie, y luego añade en la cookie la respuesta.

```
Cookie Cookie = new Cookie ( "UserID" , "12345" );
```

```
response.addCookie (cookie);
```

Java JSP

JSPs son páginas HTML que contienen código Java embebido, extendiendo la funcionalidad del código HTML, para hacerlo dinámico. La sintaxis es la misma de Java, la diferencia es que integramos el código de Java en el cuerpo HTML. Por ello, debemos codificar el código Java dentro de los bloques de marcado por <% y %>. Todo lo que hay dentro de este bloque es Java, todo lo que hay fuera de ella es el texto o HTML.

La intención es utilizar JSP para eliminar el código HTML dentro de Servlets, ya que requiere mucho trabajo mantener el código. Con JSP pueden diseñar un HTML y luego añadir Java en él.

Archivo: prueba.jsp

```
<html>

<head>

<title>Prueba JSP</title>

</head>

<body>
```

```
<%

for( int i=1; i<5; i++ ) {

%>

<font size="<%=i%>">Tamaño Texto <%=i%></font>

<%

}

%>

</body>

</html>
```

El código JSP anterior sería el equivalente al Servlet de a continuación. ¿Cuál es más práctico?

```
public class MiServlet extends HttpServlet {

public void service( HttpServletRequest req, HttpServletResponse res )

throws ServletException, java.io.IOException {

PrintWriter pw = res.getWriter( );
```

```
pw.println("<html>");

pw.println("<head>");

pw.println(" <title>Prueba JSP</title>");

pw.println("</head>");

pw.println("<body>");

for( int i=1; i<5; i++ ) {

out.println("<font size=" + i + ">Tamaño texto " + i + "</font>");

}

pw.println("</body>");

pw.println("</html>");

}

}
```

SCRIPTLETS

Todas las declaraciones de Java dentro del bloque marcado por <% y%>, llaman scriptlet. Si desea imprimir en JSP el valor de una variable, podemos utilizar el scriptlet de la siguiente manera:

```
<%

String name = "Manuel Cebrian";

System.out.println (nombre);

%>
```

Out es un objeto implícito de JSP, que representa la salida (PrintWriter) del JSP.

EXPRESIONES

Actúa como una facilidad para imprimir una respuesta. El código siguiente es equivalente a la segunda línea del ejemplo anterior.

```
<% =nombre%>
```

Note el carácter = antes de las palabras, y que esta no termina con el carácter de punto y coma.

```
<html>

<body>

<%

int valor = 100 * 887;

out.println( valor );

%>

<br>

<%=valor%></body>

</html>
```

Cuando el Servlet Container ejecute el JSP por primera vez, este primero la convierte en una clase Servlet, lo que puede tardar algún tiempo hasta que el jsp se procesa por primera. Por lo tanto, podemos decir que el JSP se volverá un Servlet poco después. Pero esto no cambia nada en nuestra manera de programar, ya que normalmente podemos solicitar el JSP por su nombre. Ni es necesario modificar la configuración en el archivo *web.xml*.

Todo lo que está codificado dentro de un JSP estará dentro del método *service ()* del Servlet genero. Pero hay una forma de declarar nuevos métodos y atributos en el JSP. Para ello, utilizamos la **Declaración**.

```
<%!

void nuevoMetodo() {

//hacemos algo

}

private int valor = 10;

%>

<html>

<head><title>Prueba de JSP</title></head>

<body>

<%

nuevoMetodo(); //llama al método declarado en el JSP

out.println( valor );

%>

</body>

</html>
```

Directivas

Las directivas informan sobre la información general acerca de la página JSP para el Enginde JSP. Hay tres tipos de directivas: *page, include* y *taglib*.

Ejemplo:

```
<%@ page language="java" import="java.util.Date" %>

<html>

<head><title>Prueba de JSP</title></head>

<body>

<%

Date ahora = new Date();

%>

Data atual: <%=ahora%>

<%@ include file="otra-pagina.htm" %>

</body>

</html>
```

La directiva *page*

La directiva page informa sobre una lista de atributos de la página, como los imports que se realizan, el tamaño del búfer de página, el auto flush, si es thead safe, content type, si es la página de error, que página de error es y así sucesivamente. La directiva *include* incluye otros recursos (dinámicos o no) en nuestro JSP. La directiva *taglib* trabaja con las Tag libs.

El uso de las páginas de error del jsp.

Archivo: prueba.jsp

```
<%@ page language="java" import="java.util.Date" %>

<%@ page errorPage="error.jsp" %>

<html>

<head><title>Prueba de la Página de Error del JSP</title></head>

<body>

<%

if( true ) throw new Exception("Este es un error cualquiera");

%>

</body>
```

```
</html>
```

Archivo: error.jsp

```
<%@ page isErrorPage="true" %>

<html>

<head><title>Página de error del JSP</title></head>

<body>

Erro: <font color='red'><%=excepion.getMessage()%></font>

</body>

</html>
```

OBJETOS IMPLÍCITOS

JSP tienen algún objeto implícito en la página. Estos son:

- application - Objeto ServletContext
- request - Objeto HttpServletRequest
- response - Objeto HttpServletResponse
- session - Objeto HttpSession
- pageContext - Objeto PageContext, que representa la propia página

- page - Referencia a la propia página JSP (this)
- out - Objeto PrintWriter que envía respuestas al cliente
- config - Objeto ServletConfig
- exception - Objeto Throwable, solamente disponible en los JSPs que son páginas de error.

```
<html>

<head><title>Objetos Implícitos del JSP</title></head>

<body>

<%

String val = request.getParameter(“param1”);

out.println(“Texto enviado por out”);

session.setAttribute( “attrib1”, “Valor del Attrib1” );

%>

Valor del param1: <%=val%>

Atrrib1 de la sesión: <%=session.getAttribute(“attrib1”)%>

</body>

</html>
```

Acciones

Las acciones son comandos preprogramados. Se declaran en el formato de etiqueta.

Las acciones son:

- include
- forward
- useBean
- setProperty
- getProperty
- plugin

La sintaxis usada es: <jsp:nombreDeLaAccion atributos/>

Ejemplo:

<jsp:include page="pagina.htm" />

<jsp:forward page="MiServlet" />

<jsp:forward page="pagina.jsp">

<jsp:param name="nome" value="Juana" />

<jsp:param name="apellido" value="De Arco" />

</jsp:forward>

LA ACCIÓN INCLUDE

La acción ***include*** se utiliza para incluir una característica en JSP. La acción ***forward*** se utiliza para pasar el procesamiento a otro recurso. Funciona de la misma manera que la clase include y forward de la clase RequestDispatcher. El atributo de *page* recibe el nombre del recurso (Servlets, JSP, etc), que puede ser suministra de forma dinámica, en tiempo de ejecución. Por ejemplo:

```
<jsp:include page="pagina.htm" />

<jsp:forward page="recurso.jsp" />
```

La acción ***useBean*** se utiliza para crear una referencia a un bean existente o a uno nuevo bean que se haya creado.

```
<jsp:useBean id="nombreBean" class="String" scope="session" />
```

En el código anterior se trata de buscar el objeto String almacenado en la sesión con el atributo de nombre nombreBean. Si no encontró referencias a este objeto, se crea una nueva cadena. A continuación, el objeto se almacena en el ámbito. Esto es extrapolable para cualquier otra clase. Ejemplo:

```
<jsp:useBean id="coche" class="Coche" scope="session" />

<%

if( carro.getModelo().equals( "BMW" ) { }
```

```
%>
```

El código de arriba es similar a esto:

```
Coche coche = null;

if( session.getAttribute("coche") == null ) coche = new Coche();

else coche = (Coche) session.getAttribute("coche");

Session.setAttribute( "coche" coche );

if( coche.getModelo().equals( "BMW" ) {}
```

La acción *setProperty* se utiliza para cambiar el valor de las propiedades de un bean o de un objeto existente.

Ejemplo:

```
<jsp:useBean id="coche" class="Coche" scope="request" />

<jsp:setProperty name="coche" property="modelo" value="Z3" />
```

En el ejemplo anterior, el "Z3" se atribuye al atributo modelo del objeto coche. Para que esto ocurra, el método *setModelo (String modelo)* tiene que existir. El código es el siguiente:

```
coche.setModelo ("z3");
```

También podemos utilizar, en vez de un valor establecido en el código,el valor que viene de la solicitud:

```
<jsp:setProperty name="coche" property="modelo"
param="modelo" />
```

El código es equivalente a:

```
coche.setModelo (request.getParameter ("Modelo"));
```

La acción *getProperty* se utiliza para recuperar e imprimir el valor de las propiedades de un bean o de un objeto existente.

Ejemplo:

```
<jsp:useBean id="coche" class="Coche" scope="request" />

<jsp:getProperty name="coche" property="modelo" />
```

En el ejemplo anterior, el valor del atributo modelo del objeto de coche se imprime en la salida del JSP. Para que esto ocurra, el método *getModelo ()* tiene que existir. El código es el siguiente:

```
out.println (coche.getModelo ());
```

LOS TAGLIBS

Los taglibs o bibliotecas de etiquetas, es un conjunto de etiquetas personalizadas que agregan funcionalidad a su JSP. Estas etiquetas pueden ser realizadas por terceros (por ejemplo, las etiquetas de Struts) o pueden creadas por usted mismo, de acuerdo a su necesidad.

Los taglibs tienen como objetivo sustituir a los scriptlets JSP con el fin de dejar su JSP más limpio y simple, y hacer la vida más fácil para los diseñadores web.

Las acciones, que vimos anteriormente, son, nada más y nada menos, que una TagLib estandar de los JSP. Estos Taglibs son un conjunto de clases que definen las acciones y el comportamiento de cada etiqueta, además de un archivo TLD (Tag Lib Descriptor) que describe la funcionalidad del TagLib. Las clases e interfaces de las taglibs son parte del paquete *javax.servlet.jsp.tagext*. La interfaz Tag es la base de todas las tags. También tenemos las interfaces IterationTag, BodyTag y BodyContent.

Cuando usamos taglibs desarrollados por terceros, normalmente, tenemos un archivo JAR con clases que implementan las etiquetas y uno o más archivos de TLD para describir estas etiquetas.

Configuración y acceso de los taglibs:

- Copiar el JAR previsto dentro de su directorio web application/WEB-INF/lib/;

- Configurar (declarar) la TagLib en tu web.xml;
- Configurar su TagLib en el JSP;
- Hacer uso de su TagLib en el JSP.

Después de copiar el archivo JAR con las clases tags suministradas, configuramos el web.xml. Supongamos que el archivo TLD suministrado tiene el nombre "mitaglib.tld". Copie este archivo en el Directorio WEB-INF de la aplicación. Luego, en el web.xml, hay que añadir la siguiente configuración dentro de la etiqueta <web-app>:

```
<taglib>

<taglib-uri>/miTagLib<taglib-uri>

<taglib-location>/WEB-INF/mitaglib.tld</taglib-location>

</taglib>
```

Ahora que tenemos todo preparado en el entorno, debemos preparar nuestro JSP para usar y ejecutar las etiquetas.

```
<%@ page language="java" %>

<%@ taglib uri="/miTagLib" prefix="prueba" %>

<html>

<body>

<prueba:miTag />
```

```
</body>

</html>
```

En este sencillo ejemplo, considere que existe una etiqueta llamada MiTag, que es parte de la TagLib utilizada. Para obtener más información sobre cómo ejecutar las etiquetas suministradas, tenemos que consultar la documentación que nos proporcionan las etiquetas.

Entonces, ¿cómo podemos utilizar las etiquetas de terceros, podemos también crear nuestras propias etiquetas?. Para ello, en primer lugar, debemos crear una clase que será nuestra etiqueta, y eso va a ser parte de nuestro TagLib (o biblioteca de etiquetas).

Ejemplo:

```
package prueba.web.tag;

import javax.servlet.*;

import javax.servlet.jsp.tagext.*;

public class MiTag extends TagSupport {

public int doEndTag() throws JspException {

JspWriter out = pageContext.getOut();

try {
```

```
out.println("MiTag dice – Hola Mundo");

} catch( Exception e ) {}

return EVAL_PAGE;

}

}
```

Esta etiqueta, imprime un mensaje simple (texto) en el código generado de JSP.

Una vez creado y compilado, tenemos que crear el TLD que describe nuestra TagLib.

Para ello, tenemos que crear un archivo llamado mitaglib.tld, con la siguiente estructura:

```
<?xml version="1.0" encoding="ISSO-8859-1" ?>

<!DOCTYPE taglib PUBLIC "-//Sun Microsystems, Inc.//DTD JSP Tag Library 1.2//EN" "http://java.sun.com/dtd/web-jsptaglibrary_1_2.dtd">

<taglib>

<tlibversion>1.0</tlibversion>

<tag>
```

```
<name>miTag</name>

<tagclass>prueba.web.tag.MiTag</tagclass>

</tag>

</taglib>
```

Después de crear el TLD y copiarlo en la carpeta WEB-INF, tenemos que, opcionalmente, configurar el archivo web.xml, como en el ejemplo anterior, y luego usar la etiqueta, como en el JSP que vemos a continuación:

```
<%@ taglib uri="/WEB-INF/mitaglib.tld" prefix="mi" %>

<mi:miTag />
```

Algunas clases de soporte ya están suministradas, por lo que no tenemos necesidad de escribir nuestras etiquetas desde las interfaces. Podemos utilizar las siguientes clases:

- **TagSupport** - implementa la interfaz IterationTag;
- **BodyTagSupport** - implementa la interfaz BodyTag.

Ambas clases tienen los siguientes métodos, siempre se ejecutan en secuencia:

- **public void setPageContext (PageContext p)** - Almacena una referencia al objeto PageContext.

- **public void setParent (Tag parent)** - Guarda referencia a la etiqueta principal, si la hay.
- **public int doStartTag ()** – Ejecutado al inicio del procesamiento de la tag, este método puede devolver los siguientes valores de las constantes:
    - SKIP_BODY - ignora el procesamiento de la etiqueta del cuerpo
    - EVAL_BODY_INCLUDE - procesa el cuerpo de la etiqueta
    - EVAL_BODY_BUFFERED - procesa el cuerpo de la etiqueta con un objeto BodyContent
- **public int doAfterBody ()** - Ejecutado una o más veces. Este método puede devolver valores de estas constantes:
    - SKIP_BODY - ignora el procesamiento repetido de la etiqueta del cuerpo
    - EVAL_BODY_AGAIN - procesa el cuerpo de la etiqueta de nuevo
- **public int doEndTag ()** - Se llama después del método doStartTag (). Este método puede devolver los valores de las siguientes constantes:
    - SKIP_PAGE - ignora el procesamiento del resto de la página
    - EVAL_PAGE – proceso el resto de la página normalmente
- **public void release ()** – Es el último método que se ejecuta. Para la limpieza de los recursos alojados en memoria que aún existieran.

La clase BodyTagSupport también tiene los métodos:

- **public void setBodyContent (BodyContent BodyContent)** – Guarda la referencia al contenido del cuerpo del mensaje.
- **public void doInitBody ()** - Ejecutado antes de procesar el cuerpo de la etiqueta. Este método puede devolver los valores de las siguientes constantes:
    - EVAL_BODY_BUFFERED – procesa el cuerpo de la etiqueta con un objeto BodyContent
    - EVAL_BODY_TAG - procesa el cuerpo de la etiqueta, aunque esté en desuso

Sus etiquetas también pueden soportar parámetros, que se presentan en la etiqueta, a la hora de usarlos en el JSP. Para cada parámetro que querramos usar, es necesario tener un atributo y respectivos métodos get y set, así como configurarlos en el TLD.

Para ilustrar el uso de una etiqueta personalizada completa, creamos una etiqueta que hace que se repita el texto en el cuerpo de su etiqueta. Con este ejemplo, vamos a ser capaces de mostrar todas las características de las etiquetas.

package prueba.web.tag;

import javax.servlet.*;

import javax.servlet.jsp.tagext.*;

public class RepetirTag extends BodyContentSupport {

```
private int repeticiones = 0;

private int repeticionesRealizadas = 0; //control interno

public int getRepeticiones() { return repeticiones; }

public void setRepeticiones(int repeticiones) {

this.repeticiones = repeticiones;

}

public int doAfterBody() {

repeticionesRealizadas++;

if( repeticionesRealizadas > repeticiones ) {

return SKIP_BODY;

}

JspWriter out = bodyContent.getEnclosingWriter();

out.println( bodyContent.getString() );

return EVAL_BODY_AGAIN;

}
```

```
}
```

Creación de un TLD declarativo en nuestra TagLib:

```
<?xml version="1.0" encoding="ISSO-8859-1" ?>

<!DOCTYPE taglib PUBLIC

"-//Sun Microsystems, Inc.//DTD JSP Tag Library 1.2//EN"

"http://java.sun.com/dtd/web-jsptaglibrary_1_2.dtd">

<taglib>

<tlibversion>1.0</tlibversion>

<tag>

<name>repeticion</name>

<tagclass>prueba.web.tag.RepeteTag</tagclass>

<attribute>

<name>repeticiones</name>

<required>true</required>

</attribute>
```

```
</tag>

</taglib>
```

En el JSP:

```
<%@ taglib uri=“/WEB-INF/mitaglib.tld” prefix=“my” %>

<mi:repeticion repeticiones=“5”>

Esto se va a repetir<br>

</mi:repetición>
```

CONCLUSIÓN

El lenguaje de programación Java nos permite desarrollar casi cualquier tipo de programa, con una mayor o menor complejidad, teniendo un control casi absoluto del software que desarrollamos.

Espero que con este libro haya conseguido aprender los comandos y estructuras básicas para comenzar a desarrollar sus propios programas con la tecnología Java. Aunque en un principio Java resulta un lenguaje de programación con cierta complejidad y que es muy extenso, esto puede tener sus pros y sus contras a la hora de valorar el desarrollo de software mediante la tecnología Java. Existen otras tecnologías de programación que ofrecen lenguajes menos complejos, más ágiles y bastante robustos, lo cual a priori puede parecer más interesante a la hora de desarrollar software, pero con la tecnología java, además de poder desarrollar para diversos sistemas operativos, redes y dispositivos electrónicos, la principal característica de java, posiblemente, sea el gran control que se logra en todo el proceso de desarrollo y ejecución del software, de ahí que lo que en principio puede parecer una desventaja, como es la complejidad y la amplitud del lenguaje, a medio y largo plazo se convierte en una ventaja estratégica a la hora de desarrollar y mantener sistemas de software complejos y escalables.

Le invito al lector a seguir ahondando en este maravilloso y extraordinario mundo que es la programación en Java.

Referencia Bibliográfica

Para la realización de este libro se han usado imágenes y se han leído, consultado, contrastado y traducido información de las siguientes fuentes de información:

Libros:

- The Complete Idiot's Guide to Programming Basics, de Clayton Walnum
- Programación en C, de Aarón Rojo Bedford
- Basic programming, de John G. Kemény y Thomas E. Kurtz
- Teach Yourself Programming in Ten Years, de Peter Norvig
- Curso de introduçao de Java de Daniel Destro do Carmo
- Curso de Java Web de Daniel Destro do Carmo

Páginas web:

- http://www.wikipedia.org
- http://www.wikibooks.org

- http://www.microsoft.com
- http://www.programmingbasics.com
- http://www.sun.com

ACERCA DE LOS AUTORES

Alicia Durango

Con 3 años de experiencia en el mundo de formación, Alicia empieza a escribir libros y a crear cursos online de informática para sus alumnos. Con una amplia experiencia laboral, Alicia es una profesional con formación en Desarrollo de Aplicaciones Informáticas y Administración de Sistemas Informáticos, con más de 8 años de experiencia en el mundo de la informática, con amplia experiencia en los sectores de formación, publicidad y desarrollo web, llevando a cabo tareas de gestión, diseño gráfico, programación web y Directora de publicidad.

Ángel Arias

Es un consultor experimentado en el área informática. Con experiencia en el sector desde 2001, a sus 33 años ha ocupado puestos tales como consultor de software ERP, administrador de sistemas de una importante multinacional de automoción, responsable en el desarrollo web y publicidad en una empresa de formación elearning y actualmente consultor tecnológico para empresas y e-docente en el área de desarrollo web y publicidad y marketing online.

Desde el año 2009 Ángel Arias después de haber publicado varios cursos de informática y haber creado varios cursos sobre tecnología en formato digital para plataformas elearning, Andrés, comienza su andadura en el mundo editorial, con la esperanza de llevar el conocimiento y la formación sobre las nuevas tecnologías al mayor público posible.

Julián Esteban Gracia Burgués

es Ingeniero de Sistemas y tiene más 15 años de experiencia en la gestión de equipos de programación, abandonando los grandes proyectos de software basados en la ingeniería de software tradicional centrándose en la construcción de software con equipos de desarrollo ágil.

ISBN: 978-1507571170